mit Lernhilfen

AF151771

AUTOREN-
WORTSCHÄTZE

C.C. Buchner

adeo-PLUS
Herausgegeben von Clement Utz

unter Mitarbeit von Katharina Börner, Wolfgang Freytag,
Friedrich Heberlein und Andrea Kammerer

Auf der Basis des „Bamberger Wortschatzes" sind außerdem verfügbar:

adeo-NORM
Das lateinische Basisvokabular mit Lernhilfen (BN 5271)

adeo-WÖRTERLISTE
Das Basisvokabular in handlicher Spiralbindung (BN 5270)

adeo-WORTKUNDE
Erweitertes Basisvokabular nach Wortfamilien (BN 5273)

1. Auflage, 9. Druck 2024
Alle Drucke dieser Auflage sind, weil untereinander unverändert, nebeneinander benutzbar.

Grafik und Satz: Artbox, Bremen
Druck und Bindung: creo Druck & Medienservice GmbH, Bamberg

www.ccbuchner.de

ISBN 978-3-7661-**5272**-5

Inhalt

Abkürzungsverzeichnis

Abl.	Ablativ	*Gen.*	Genitiv	*n*	neutrum
AcI	Akkusativ mit Infinitiv	*i.*	italienisch	*örtl.*	örtlich
Adj.	Adjektiv	*indekl.*	indeklinabel	*PPP*	Partizip Perfekt Passiv
adj.	adjektivisch	*indir.*	indirekt	*Pass.*	Passiv
Adv.	Adverb	*Ind.*	Indikativ	*Perf.*	Perfekt
Akk.	Akkusativ	*Inf.*	Infinitiv	*Ps.*	Person
Akt.	Aktiv	*jmd.*	jemand(en/em)	*Pl.*	Plural
Dat.	Dativ	*intrans.*	intransitiv	*s.*	spanisch
dir.	direkt	*Komp.*	Komparativ	*Sg.*	Singular
dopp.	doppelt	*Konj.*	Konjunktiv	*Subj.*	Subjunktion
e.	englisch	*m*	maskulin	*Subst.*	Substantiv
etw.	etwas	*m.*	mit	*subst.*	substantivisch
f	feminin	*milit.*	militärisch	*trans.*	transitiv
f.	französisch	*Nom.*	Nominativ	*zeitl.*	zeitlich

Liebe Schülerinnen und Schüler!

Diese Wortkunde erweitert das lateinische Basisvokabular von **adeo-NORM**. Sie bietet euch Ergänzungswortschätze, die auf die Lektüre derjenigen Autoren abgestimmt sind, die ihr im lateinischen Lektüreunterricht lest.

Dazu erhaltet ihr – wie in **adeo-NORM** – verschiedene zusätzliche Hilfen, die euch das Lernen, Wiederholen und Behalten der Vokabeln erleichtern.

Die Wortkunde ist nach den lateinischen Autoren gegliedert, damit ihr euch den Wortschatz vor und während der Lektüre eines Autors gezielt aneignen könnt.

Die Doppelseiten sind im Wesentlichen wie in **adeo-NORM** angelegt:

Die rechten Seiten

In der *ersten Spalte* findet ihr die Wörter des jeweiligen Autorenwortschatzes in alphabetischer Anordnung.

In der *zweiten Spalte* sind verschiedene grammatische Eigenschaften (z. B. Genitiv, Geschlecht, Wortart, Kasusrektion, Stammformen) der Wörter zusammengestellt, die ihr so in einem eigenen Arbeitsgang abdecken und lernen könnt. Damit sich die Verben leichter der jeweiligen Konjugationsklasse zuordnen lassen, steht hier auch immer die 1. Person Singular des Indikativ Präsens. Wenn nach einem Wort regelmäßig ein bestimmter Kasus steht, ist dieser ohne Klammern angegeben; wenn der Kasus eingeklammert ist, kann das Wort auch ohne diese Ergänzung stehen. Auf einige euch ganz geläufige Angaben wurde verzichtet:

– Genitiv und Geschlecht bei den Feminina der a-Deklination (z. B. amicitia) sowie bei den Maskulina (z. B. animus) und den Neutra (z. B. argentum) der o-Deklination
– Perfekt- und PPP-Formen bei den Verben der a-Konjugation mit v-Perfekt (z. B. accūsāre) und der e-Konjugation mit u-Perfekt (z. B. habēre)

accūsāre	accūsō	anklagen, beschuldigen	*Akkusativ, e. to accuse,* *f. accuser*
āctiō	āctiōnis *f*	1 Tätigkeit 2 Gerichtsverhandlung 3 Rede	*Aktion, Re-aktion,* *e./f. action*
ad	*m. Akk.*	an, bei, nach, zu	*e. at, f. à, i./s. a*
adīre	adeō, adiī, aditum (*m. Akk.*)	herantreten (an), bitten	

In der *dritten* Spalte stehen – meist in alphabetischer Reihenfolge – die deutschen Bedeutungen. Wenn sich die Bedeutungsangaben stark unterscheiden, sind sie nummeriert. In der *vierten* Spalte finden sich Fremdwörter, Fachausdrücke und Vokabeln aus den modernen Fremdsprachen, die auf das jeweilige lateinische Wort zurückgehen.

Die linken Seiten

Sie enthalten in verschiedenartig gerahmten und unterlegten Feldern ganz konkrete Lernhilfen, die wichtige Vokabeln in Zusammenhänge einordnen und damit das Behalten fördern. Über diese Lernhilfen werden diejenigen Wörter wiederholt, die für den jeweiligen Autor besonders wichtig sind. Es wurden hier konsequent nur solche Wörter aufgenommen, die aus dem Ergänzungswortschatz des Autors stammen, die zu den häufigsten 500 Vokabeln (Blaudruck in **adeo-NORM**) zählen oder die aus dem Basisvokabular von **adeo-NORM** bekannt und zugleich für den Autor statistisch relevant sind.

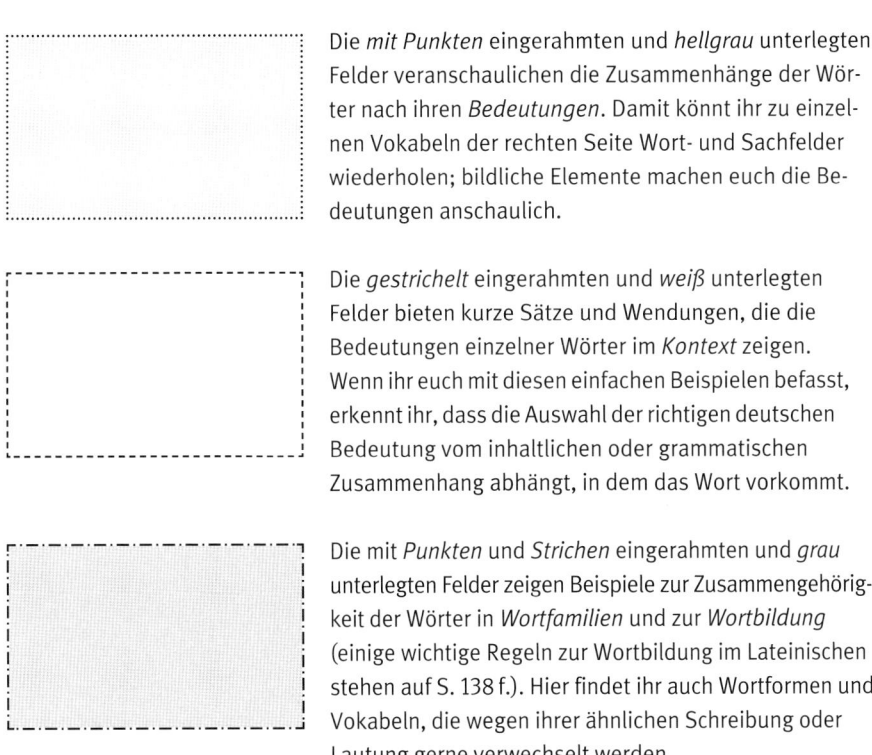

Die *mit Punkten* eingerahmten und *hellgrau* unterlegten Felder veranschaulichen die Zusammenhänge der Wörter nach ihren *Bedeutungen*. Damit könnt ihr zu einzelnen Vokabeln der rechten Seite Wort- und Sachfelder wiederholen; bildliche Elemente machen euch die Bedeutungen anschaulich.

Die *gestrichelt* eingerahmten und *weiß* unterlegten Felder bieten kurze Sätze und Wendungen, die die Bedeutungen einzelner Wörter im *Kontext* zeigen. Wenn ihr euch mit diesen einfachen Beispielen befasst, erkennt ihr, dass die Auswahl der richtigen deutschen Bedeutung vom inhaltlichen oder grammatischen Zusammenhang abhängt, in dem das Wort vorkommt.

Die mit *Punkten* und *Strichen* eingerahmten und *grau* unterlegten Felder zeigen Beispiele zur Zusammengehörigkeit der Wörter in *Wortfamilien* und zur *Wortbildung* (einige wichtige Regeln zur Wortbildung im Lateinischen stehen auf S. 138 f.). Hier findet ihr auch Wortformen und Vokabeln, die wegen ihrer ähnlichen Schreibung oder Lautung gerne verwechselt werden.

Wie lassen sich nun diese Lernhilfen der linken Seiten nutzen?
Grundsätzlich habt ihr zwei Möglichkeiten:

1. Ihr könnt beim Lernen und Wiederholen der Vokabeln auf den rechten Seiten immer
   wieder diese Informationen einbeziehen. Wenn nämlich zu einem lateinischen Wort in
   einem solchen Feld Lernhilfen gegeben werden, so findet ihr eine Linie neben diesem
   Wort, die euch auf die linke Seite verweist:

   ············ verweist auf eine Lernhilfe in einem *mit Punkten* gerahmten Feld

   ------ verweist auf eine Lernhilfe in einem *gestrichelt* eingerahmten Feld

   —·—·— verweist auf eine Lernhilfe in einem *mit Punkten und Strichen* gerahmten Feld

   So stellt ihr sinnvolle Verbindungen zu anderen Wörtern her und „vernetzt" Unbekann-
   tes mit Bekanntem. Dadurch merkt ihr euch nicht nur einzelne Bedeutungen leichter,
   sondern ihr bekommt auch ein Gespür für sprachliche Zusammenhänge und für das
   Ermitteln der jeweiligen Bedeutung im Kontext.

2. Ihr habt aber auch die Möglichkeit, die linken Seiten der Wortkunde separat zu nutzen,
   und zwar über diejenigen Felder, in denen sich Kreise mit einem Leitbuchstaben befin-
   den (z. B. **R**). Hinter jedem Leitbuchstaben verbirgt sich ein eigenes kleines Trainings-
   programm, mit dem ihr wichtige Vokabeln für einen bestimmten Zweck wiederholen
   könnt. Ihr müsst nur die linken Seiten durchgehen und jeweils die Felder mit dem glei-
   chen Symbol (z. B. **R**) bearbeiten. Euere Lehrerin oder euer Lehrer kann euch dazu
   konkrete Tipps geben.

– In den *mit Punkten* eingerahmten Feldern finden sich die folgenden Leitbuchstaben;
  sie bezeichnen die wichtigsten Sachfelder:

  B **B**rauchtum, Kultur
  E **E**thisches Handeln, Werte
  G **G**efühle, Wahrnehmung
  M **M**ilitärwesen
  N **N**atur
  P **P**olitik, Staat
  R **R**echt
  S **S**prache, Kommunikation
  T **T**ransport, (Fort-)Bewegung

– Die *gestrichelt* eingerahmten Felder lenken euere Aufmerksamkeit auf die kleinen, aber wichtigen Unterschiede in der sprachlichen Verwendung der Wörter; hier gibt es zwei Leitbuchstaben:

(**D**) Die so gekennzeichneten Felder enthalten Vokabeln, die im **D**eutschen anders konstruiert werden als im Lateinischen (z. B. carēre *m. Abl.* – frei sein von, nicht haben).

(**L**) Hier findet ihr Verben, bei denen im **L**ateinischen unterschiedliche Konstruktionen möglich sind und – entsprechend der jeweiligen Konstruktion – eine bestimmte Bedeutung zu wählen ist (z. B. praestāre *m. Akk.* – gewähren, leisten, zeigen, *m. Dat.* – übertreffen).

– In den mit *Punkten und Strichen* gerahmten Feldern werden euch folgende Lernhilfen geboten:

(**F**) Wort**f**amilien (z. B. augēre, auctor, auctōritās …)

(**K**) Zusammenstellungen von **K**omposita (z. B. cēdere, ac-cēdere, con-cēdere …)

(**V**) **V**erwechselbare Wörter und Wortformen (z. B. augeō, audeō, audiō …)

(**W**) Vokabeln mit gleichem **W**ortbildungselement (Präfix, Suffix) (z. B. ad-esse, ac-cēdere, af-ferre, ag-gredī …)

Wenn ihr weitere Informationen zu den Grundlagen dieser Wortkunde haben wollt, könnt ihr auf den Seiten 140–143 nachschlagen. Ihr seht: Damit ihr, die Benutzer dieser Wortkunde, nicht so viel Mühe mit dem Latein habt, haben wir, die Verfasser von **adeo**, uns einiges einfallen lassen. Wir wünschen euch viel Erfolg beim Arbeiten mit diesem Büchlein!

CÄSAR
**abdere
colloquium**

se in silvas *abdere*	sich in den Wäldern verbergen
centuriones ad consilium *adhibere*	die Zenturionen zur Beratung hinzuziehen
ancoras tollere	die Anker lichten
diem *colloquio* dicere	einen Termin für ein Gespräch festlegen

quae ad oppugnationem pertinent, *administrare*	Maßnahmen zur Belagerung (was sich auf die Belagerung bezieht) durchführen
rem publicam *administrare*	den Staat lenken

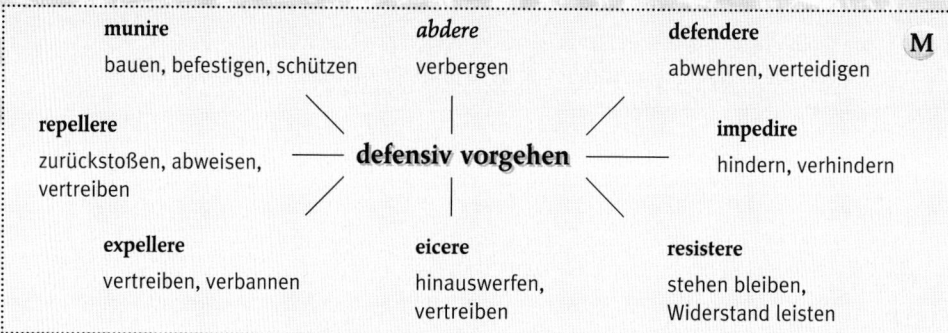

munire — bauen, befestigen, schützen

abdere — verbergen

defendere — abwehren, verteidigen   **M**

repellere — zurückstoßen, abweisen, vertreiben

defensiv vorgehen

impedire — hindern, verhindern

expellere — vertreiben, verbannen

eicere — hinauswerfen, vertreiben

resistere — stehen bleiben, Widerstand leisten

vermitteln   **S**

convocare	versammeln
colloqui	sich unterhalten; verhandeln; besprechen
communicare	besprechen; (Anteil) geben
deferre	hinbringen, melden, übertragen
nuntiare	melden
enuntiare	mitteilen, verraten
pronuntiare	bekanntgeben, vortragen
experiri	erfahren, versuchen
hortari	auffordern, ermahnen
persuadere	überreden (mit ut), überzeugen (mit AcI)
impetrare	erreichen, durchsetzen
concedere	erlauben, nachgeben, zugestehen
recusare	ablehnen, Einspruch erheben

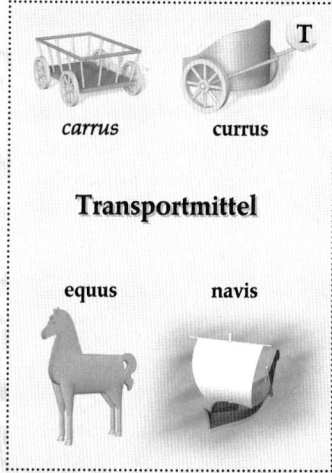

carrus   **currus**

T

Transportmittel

equus   **navis**

habere	haben, halten; halten für	**F**
ad-hibere	anwenden, hinzuziehen	
pro-hibere	abhalten (von), hindern (an)	
de-bere	müssen, sollen; schulden	
prae-bere	geben, hinhalten	

hortari	auffordern, ermahnen
co-hortari	anfeuern, auffordern, ermutigen

abdere	abdō, abdidī, abditum	verbergen	
adhibēre	adhibeō	anwenden, hinzuziehen	*i. adibire*
administrāre	administrō	durchführen, lenken	*Administration, administrativ, e. to administer, f. administrer, i. amministrare, s. administrar*
adorīrī	adorior, adortus sum	angreifen	
agger	aggeris *m*	(Befestigungs-)Wall, Material für einen Befestigungswall	
altitūdō	altitūdinis *f*	Höhe, Tiefe	*e./f. altitude, i. altitudine, s. altitud*
ancora		Anker	*e. anchor, f. ancre*
antecēdere	antecēdō, antecessī, antecessum	vorausgehen, übertreffen	
appropin- quāre	appropinquō	sich nähern	
carrus		(Transport-)Wagen	*Karren*
centuriō	centuriōnis *m*	Zenturio *(Befehlshaber einer Zenturie)*	
cliēns	clientis *m*	Abhängiger, Schützling	*Klient, Klientel, e./f. client, i./s. cliente*
cohortāri	cohortor	anfeuern, auffordern, ermutigen	
collis	collis *m*	Anhöhe, Hügel	*e. hill, f. colline, i. colle/collina, s. colina*
colloquī	colloquor, collocūtus sum	1 sich unterhalten 2 verhandeln 3 besprechen	
colloquium		Gespräch	*Kolloquium, e. colloquy, f. colloque*

CÄSAR
commeatus
disponere

Hostes ea spe *deiecti sunt*.	Die Feinde wurden in dieser Hoffnung getäuscht.
Gens principatu *deiecta est*.	Der Volksstamm wurde aus seiner führenden Stellung verdrängt.
Hostes fuga (fugere) *destiterunt*.	Die Feinde ließen von der Flucht ab.

praesidia *disponere*	Wachposten aufstellen

concilium	Versammlung	**V**
consilium	Beratung, Beschluss, Plan, Rat	

kämpfen **M**

congredi	kämpfen, zusammentreffen
dimicare	kämpfen
pugnare	kämpfen

sich fortbewegen **T**

cedere	**ire**
gehen, nachgeben, weichen	gehen
excedere	**exire**
hinausgehen, weggehen	herausgehen
accedere	**adire**
herbeikommen, hinzukommen	herantreten (an), bitten
antecedere	**subire**
übertreffen, vorausgehen	auf sich nehmen, herangehen
decedere	**inire**
sterben, weggehen	hineingehen, beginnen
discedere	**transire**
auseinandergehen, weggehen	durchqueren, hinübergehen, überschreiten
	redire
	zurückgehen, zurückkehren

T

desilire
(herab)springen

T

vehi
sich fortbewegen, fahren

				K
consistere	**consisto**	**constiti**	haltmachen, sich aufstellen	
desistere	**desisto**	**destiti**	aufhören (mit etw.)	
resistere	**resisto**	**restiti**	stehen bleiben, Widerstand leisten	

commeātus	commeātūs *m*	Nachschub, Transport, Versorgungsgüter	
commū-nicāre	commūnicō (cum *m. Abl.*)	1 besprechen 2 (jmd.) (Anteil) geben	Kommunikation, e. to communicate, f. communiquer, i. comunicare, s. comunicar
compellere	compellō, compulī, compulsum	hineintreiben, zusammentreiben	
concilium		Versammlung	Konzil, e. council
congredī	congredior, congressus sum	zusammentreffen, kämpfen	Kongress
cōnspicārī	cōnspicor	erblicken, wahrnehmen	
continēns	continentis *f*	Festland	Kontinent
contrōversia		Meinungsverschiedenheit, Streit	Kontroverse
cottīdiānus	a, um	alltäglich, täglich	e. quotidian, f. quotidien, i. quotidiano, s. cotidiano
cottīdiē	Adv.	täglich	
cruciātus	cruciātūs *m*	Folter, Qual	
dēcēdere	dēcēdō, dēcessī, dēcessum	weggehen, sterben	e. to decease, f. décéder, i. decedere
dēicere	dēiciō, dēiēcī, dēiectum	(herab)werfen, zu Boden werfen	
dēsilīre	dēsiliō, dēsiluī	(herab)springen	
dēsistere	dēsistō, dēstitī (*m. Abl.*)	aufhören (mit etw.)	e. to desist, f. désister, i. desistere, s. desistir
dīmicāre	dīmicō	kämpfen	
disciplīna		1 Disziplin 2 Kenntnisse 3 Unterricht	e./f. discipline, i./s. disciplina
dispōnere	dispōnō, disposuī, dispositum	(an verschiedenen Punkten) aufstellen	Disposition, e. to dispose, f. disposer, i. disporre

CÄSAR

distribuere

impeditus

legiones in oppida *distribuere*	Legionen auf die Städte verteilen
equitatum in tres partes *distribuere*	die Reiterei in drei Abteilungen einteilen
facultas per provinciam itineris faciendi	die Möglichkeit, durch die Provinz zu ziehen
facultas fugae	die Möglichkeit (Gelegenheit) zur Flucht

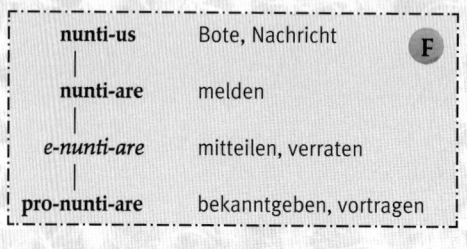

nunti-us	Bote, Nachricht
nunti-are	melden
e-nunti-are	mitteilen, verraten
pro-nunti-are	bekanntgeben, vortragen

F

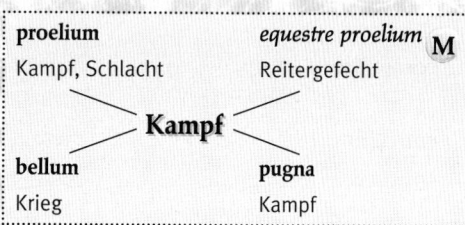

proelium	equestre proelium
Kampf, Schlacht	Reitergefecht

M

Kampf

bellum	pugna
Krieg	Kampf

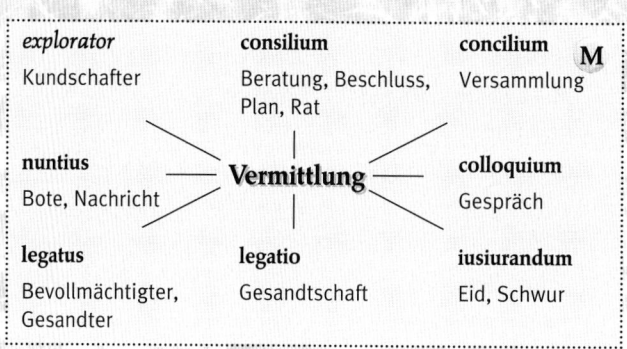

Vermittlung

explorator Kundschafter	consilium Beratung, Beschluss, Plan, Rat	concilium **M** Versammlung
nuntius Bote, Nachricht		colloquium Gespräch
legatus Bevollmächtigter, Gesandter	legatio Gesandtschaft	iusiurandum Eid, Schwur

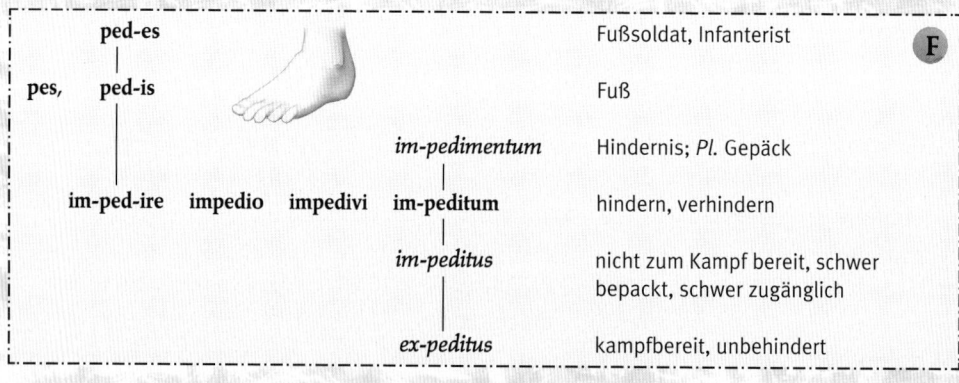

ped-es	Fußsoldat, Infanterist **F**
pes, ped-is	Fuß
im-pedimentum	Hindernis; *Pl.* Gepäck
im-ped-ire impedio impedivi im-peditum	hindern, verhindern
im-peditus	nicht zum Kampf bereit, schwer bepackt, schwer zugänglich
ex-peditus	kampfbereit, unbehindert

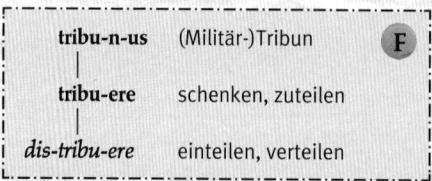

tribu-n-us	(Militär-)Tribun **F**
tribu-ere	schenken, zuteilen
dis-tribu-ere	einteilen, verteilen

distribuere	distribuō, distribuī, distribūtum	einteilen, verteilen	*distribuieren, Distribution, distributiv, Distributivgesetz*
druidēs	druidum *m Pl.*	Druiden *(keltische Priester)*	
ēnūntiāre	ēnūntiō	mitteilen, verraten	
eōdem	*Adv.*	ebendorthin	
equestre proelium		Reitergefecht	
ēruptiō	ēruptiōnis *f*	Ausbruch, Ausfall *(milit.)*	*Eruption; e. eruption, f. éruption, i. eruzione, s. erupción*
expedītus	a, um	kampfbereit, unbehindert	
explōrātor	explōrātōris *m*	Kundschafter	*Explorator, explorieren*
factiō	factiōnis *f*	Interessengemeinschaft, Partei	
facultās	facultātis *f*	Möglichkeit	*Fakultät, e. faculty, f. faculté, i. facoltà, s. facultad*
figūra		Form, Gestalt	*Figur, e. figure*
finitimus	a, um *Subst.*	1 angrenzend, benachbart 2 Nachbar	
firmus	a, um	stark	*Firmung, Konfirmation, Firma, e. firm, f. ferme, i. fermo, s. firme*
frūmentārius	a, um	das Getreide betreffend, getreidereich	
hīberna	hībernōrum *n Pl.*	Winterlager	
impedīmentum		1 Hindernis 2 *Pl.* Gepäck	*e. impediment, f. empêchement, i./s. impedimento*
impedītus	a, um	nicht zum Kampf bereit, schwer bepackt; schwer zugänglich	

CÄSAR

incitare

oppugnatio

nocte *intermissa*	nachdem (da) die Nacht eingetreten war
magno spatio inter se *intermisso*	in großem Abstand voneinander (entfernt)
brevi tempore *intermisso*	nach kurzer Zeit (Frist)
vento *intermisso*	nachdem sich der Wind gelegt hatte

proelio *lacessere*	zum Kampf herausfordern
meridie	mittags

Negative Auswirkungen des Krieges M

incommodum	Nachteil, Schaden, Unglück
calamitas	Schaden, Unglück
cruciatus	Folter, Qual
tormentum	Geschütz (Wurfmaschine); Folter, Qual
timor	Furcht, Angst
inopia	Mangel, Not
fames	Hunger
servitus	Sklaverei

efficere — bewirken, herstellen

permovere T — beunruhigen, veranlassen

antreiben

incitare — antreiben

impellere — antreiben, veranlassen

-itimus W

fin-*itimus*	angrenzend, benachbart; *Subst.* Nachbar
mar-*itimus*	am Meer gelegen, Meeres-

offensiv vorgehen M

procedere	(vorwärts)gehen, vorrücken
progredi	vorrücken, weitergehen
appropinquare	sich nähern
succedere	(nach)folgen, nachrücken
insequi	unmittelbar folgen, (ver)folgen
occurrere	begegnen, entgegentreten
lacessere	herausfordern, reizen
aggredi	angreifen, herangehen
adoriri	angreifen
temptare	angreifen, prüfen, versuchen
oppugnare	angreifen
circumvenire	umringen, umzingeln
occupare	besetzen, einnehmen
obtinere	(in Besitz) haben, (besetzt) halten

impetus — Angriff, Schwung

oppugnatio M — Belagerung, Sturmangriff

offensive Vorgehensweise

eruptio — Ausbruch, Ausfall (*milit.*)

insidiae — Falle, Attentat, Hinterlist

meridies

ROMA

meridies

incitāre	incitō	antreiben	*e. to incite, f. inciter, i. incitare, s. incitar*
incolere	incolō, incoluī, incultum	bewohnen, siedeln	
incommodum		Nachteil, Schaden, Unglück	
intermittere	intermittō, intermīsī, intermissum	1 dazwischen leer lassen 2 unterbrechen 3 *Pass.* dazwischen liegen	*e. to intermit*
intervallum		Entfernung, Zwischenraum	*Intervall, e. interval, f. intervalle, i. intervallo, s. intervalo*
lacessere	lacessō, lacessīvī, lacessītum	herausfordern, reizen	
longinquus	a, um	lang *(zeitlich)*, weit entfernt	
maritimus	a, um	am Meer gelegen, Meeres-	*maritim, e./f. maritime, i. marittimo, s. maritimo*
māteria		(Bau-)Holz	*Materie, Material, e. material, f. matière, matériel, i. materiale, s. material*
mercātor	mercātōris *m*	Händler, Kaufmann	*Markt, e. merchant, f. marchand, i. mercante, s. mercader*
merīdiēs	merīdiēī *m*	1 Mittag 2 Süden	*Meridian*
nancīscī	nancīscor, na(n)ctus sum	(zufällig) erreichen, bekommen	
nocēre	noceō, nocuī	Schaden zufügen	*f. nuire, i. nuocere*
noctū	*Adv.*	nachts	*e. at night, f. (pendant) la nuit, i. di/la notte, s. de noche*
oppūgnātiō	oppūgnātiōnis *f*	Belagerung, Sturmangriff	

CÄSAR

pagus
repentinus

Res ad mediam noctem *perducitur*.	Die Angelegenheit zieht sich bis Mitternacht hin.
praefectus equitum	der Befehlshaber der Reiterei
propterea quod	deswegen weil

virum egregium navibus *praeficere*	einen ausgezeichneten Mann mit dem Kommando über die Schiffe betrauen
principatum totius Galliae tenere	in ganz Gallien die Führung haben
principatum in civitate obtinere	im Staat die höchste Befehlsgewalt haben

nullum periculum *recusare*	keine Gefahr ablehnen
de mercede *recusare*	hinsichtlich des Lohnes Einspruch erheben

facilia ex difficillimis *redigere*	aus sehr Schwierigem Leichtes machen
Galliam in provinciam *redigere*	Gallien zu einer Provinz machen
Galliam sub populi Romani imperium *redigere*	Gallien unter die Befehlsgewalt des römischen Volkes bringen

Unwegsames Gelände

palus	Sumpf
silva	Wald
tumulus	Hügel
collis	Anhöhe, Hügel
mons	Berg
iugum	Bergrücken, Joch
flumen	Fluss
ripa	Ufer

Ungünstige Witterung   N

aestus	Flut, Hitze
ventus	Wind
tempestas	Sturm, (schlechtes) Wetter; Zeit
hiems	Winter, Unwetter

-ea   W

ant-ea	vorher, früher
inter-ea	inzwischen, unterdessen
post-ea	nachher, später
praeter-ea	außerdem
propter-ea	deswegen

  M

equus

eques

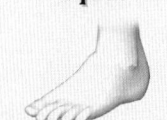

pes

pedes

-inus / -anus   W

div-inus	göttlich		*repent-inus*	plötzlich, unerwartet
prist-inus	früher		cottidi-anus	alltäglich, täglich

pāgus		Bezirk, Bevölkerung eines Bezirks	
palūs	palūdis *f*	Sumpf	*Pfuhl*
pedes	peditis *m*	Fußsoldat, Infanterist	
pendere	pendō, pependī, pēnsum	1 beurteilen 2 überlegen 3 bezahlen	*Pensum, f. peser, i. pesare, s. pesar*
perdūcere	perdūcō, perdūxī, perductum	(hin)führen, (hin)ziehen	
pīlum		Wurfspieß	
posteāquam	*Subj. m. Ind.*	nachdem	
postrīdiē	*Adv.*	am folgenden Tag	
praefectus		Befehlshaber, Feldherr	*Präfekt, e. prefect, f. préfet, i. prefetto, s. prefecto*
praeficere	praeficiō, praefēcī, praefectum (*m. Dat.*)	mit dem Kommando beauftragen (über jmd./etw.)	
prīncipātus	prīncipātūs *m*	Führung, höchste Befehlsgewalt	*Prinzipat*
prōnūntiāre	prōnūntiō	bekanntgeben, vortragen	*e. to pronounce, f. prononcer, i. pronunciare, s. pronunciar*
proptereā		deswegen	
quaestor	quaestōris *m*	Quästor	
recūsāre	recūsō	ablehnen, Einspruch erheben	
redigere	redigō, redēgī, redāctum (in *m. Akk.*) *m. dopp. Akk.*	1 (in einen Zustand) bringen 2 machen zu	*redigieren, Redakteur, Redaktion*
repentīnus	a, um	plötzlich, unerwartet	*i./s. repentino*

CÄSAR
res frumentaria
vulnerare

subsidio mittere	zu Hilfe schicken
subsidio esse	helfen
ad omnes casus *subsidia* comparare	für alle Fälle Reservetruppen aufbieten

copias per fines Sequanorum *traducere*	die Truppen durch das Gebiet der Sequaner führen
copias flumen *traducere*	die Truppen über den Fluss führen
multitudinem Germanorum in Galliam *traducere*	eine große Anzahl Germanen nach Gallien (hinüber)führen

trans Rhenum esse	sich jenseits des Rheins aufhalten
trans Rhenum mittere	über den Rhein schicken

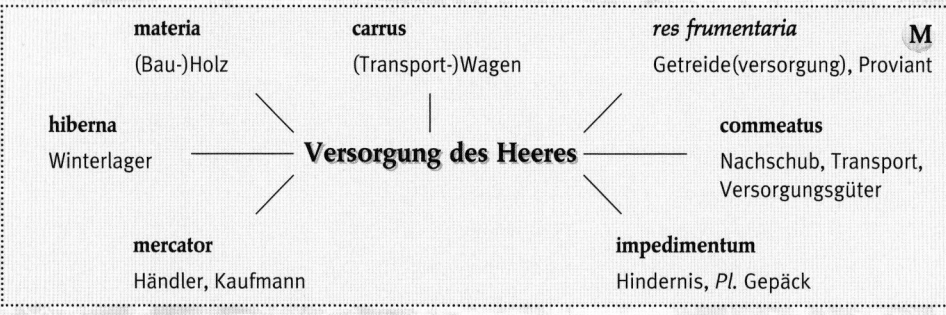

materia (Bau-)Holz   **carrus** (Transport-)Wagen   **res frumentaria** M Getreide(versorgung), Proviant

hiberna Winterlager — **Versorgung des Heeres** — **commeatus** Nachschub, Transport, Versorgungsgüter

mercator Händler, Kaufmann   **impedimentum** Hindernis, *Pl.* Gepäck

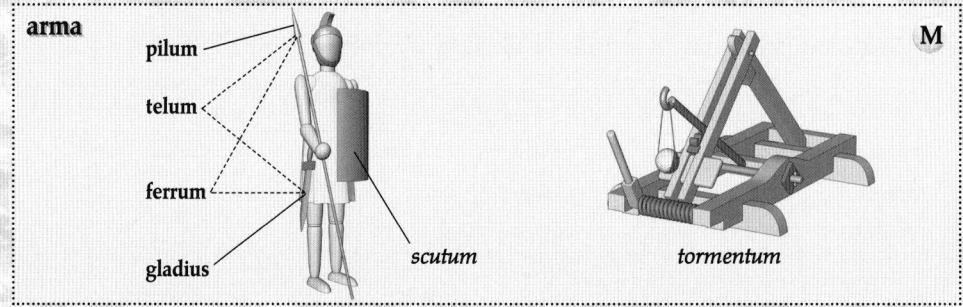

arma   M

pilum — telum — ferrum — gladius — scutum — tormentum

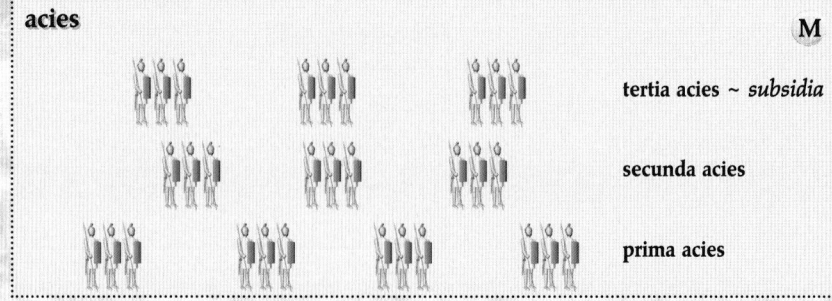

acies   M

tertia acies ~ *subsidia*

secunda acies

prima acies

rēs frūmentāria		Getreide(versorgung), Proviant	
sacrificium		Opfer	*e./f. sacrifice, i./s. sacrificio*
scūtum		Schild	
singulāris	e	einzeln, einzigartig, außerordentlich	*singulär, Singular, e./s. singular, f. singulier, i. singolare*
statiō	statiōnis *f*	Stellung *(milit.)*, Wachposten	*Station*
sublevāre	sublevō	in die Höhe heben, unterstützen	
subsequī	subsequor, subsecūtus sum	(unmittelbar) folgen	*i. susseguire, s. subseguir*
subsidium		Reservetruppe, Unterstützung	*Subsidiarität, f. subside, i. sussidio, s. subsidio*
tormentum		1 Geschütz (Wurfmaschine) 2 Folter, Qual	
trādūcere	trādūcō, trādūxī, trāductum	(hinüber)führen	
trāns	*m. Akk.*	jenseits, über (... hinaus)	*trans-alpin, trans-atlantisch*
trānsportāre	trānsportō	hinüberbringen	*transportieren, Transport, e. to transport, f. transporter, i. trasportare, s. transportar*
trīduum		Zeitraum von drei Tagen	
tumulus		Hügel	*Tumulusgrab*
vallum		Verschanzung, Wall	*i. vallo, s. valla*
vulnerāre	vulnerō	verwunden, verletzen	

CICERO

adipisci

concupiscere

aestimatio **frumenti**	Schätzung des Getreidewertes
signum summo *artificio*	eine Statue von höchster Kunstfertigkeit (eine höchst kunstvoll gestaltete Statue)
Annus hic **in summa** *caritate* **erat.**	In diesem Jahr waren die Preise sehr hoch.

Zeitliche Verhältnisse

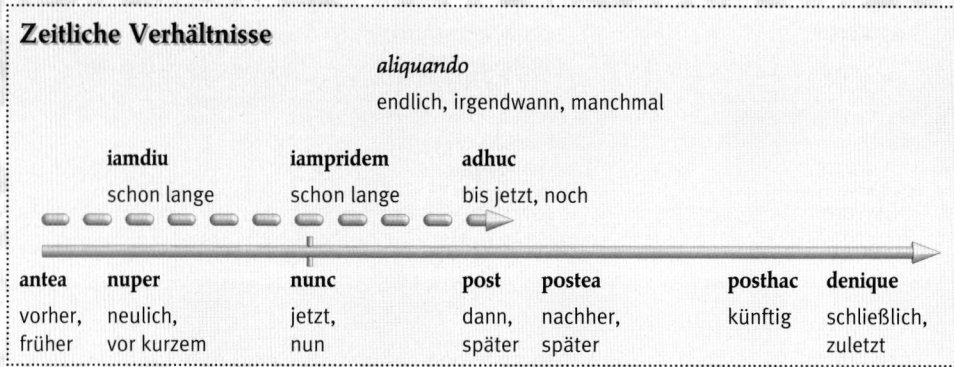

aliquando
endlich, irgendwann, manchmal

iamdiu	**iampridem**	**adhuc**
schon lange	schon lange	bis jetzt, noch

antea	**nuper**	**nunc**	**post**	**postea**	**posthac**	**denique**
vorher, früher	neulich, vor kurzem	jetzt, nun	dann, später	nachher, später	künftig	schließlich, zuletzt

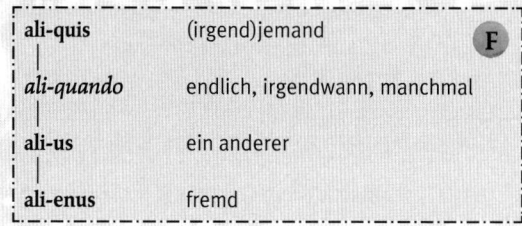

ali-quis	(irgend)jemand
ali-quando	endlich, irgendwann, manchmal
ali-us	ein anderer
ali-enus	fremd

F

Strafe

R

carcer	**custodia**	**cruciatus**	**crux**	**exilium**
Gefängnis	Gefängnis, Haft, Wache	Folter, Qual	Kreuz	Exil, Verbannung

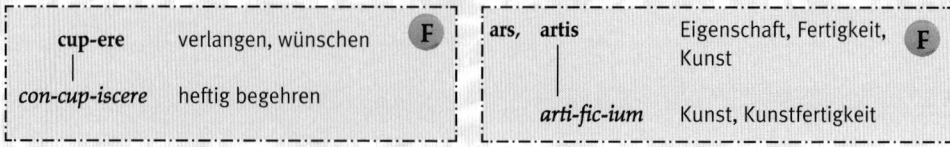

		F
cup-ere	verlangen, wünschen	
con-cup-iscere	heftig begehren	

ars,	**artis**	Eigenschaft, Fertigkeit, Kunst	**F**
	arti-fic-ium	Kunst, Kunstfertigkeit	

adipīscī	adipīscor, adeptus sum	erreichen, erringen	*Adept*
aēneus	a, um	aus Erz (gemacht)	
aestimātiō	aestimātiōnis f	Schätzung, Wertschätzung	
aliquandō	*Adv.*	endlich, irgendwann, manchmal	
amplitūdō	amplitūdinis f	Größe, Umfang	*Amplitude*
annōna		Getreideernte, Getreidepreis	
arātor	arātōris m	Bauer, Pächter	
artificium		Kunst, Kunstfertigkeit	*e./f. artifice, i./s. artificio (Kunstgriff)*
aspectus	aspectūs m	Anblick	*Aspekt, e./f. aspect, i. aspetto, s. aspecto*
basis	basis f	Basis	*basieren*
carcer	carceris m	Gefängnis	*Kerker, Karzer*
cāritās	cāritātis f	1 Liebe 2 hoher Preis	*„Caritas", karitativ, e. charity, f. charité, i. carità, s. caridad*
circumstāre	circumstō, circumstetī (m. Akk.)	herumstehen (um), umringen	
colōnia		Ansiedlung, Kolonie	*e. colony, f. colonie, i./s. colonia*
commemorāre	commemorō	erwähnen, erinnern (an)	
comprimere	comprimō, compressī, compressum	unterdrücken	*Kompresse, Kompression*
concupīscere	concupīscō, concupīvī	heftig begehren	

CICERO

conflare
delere

invidiam *conflare*	Neid entfachen
manus ex perditis *conflata*	eine Schar verkommener Gestalten
nomen Scipionis *delere*	Scipios Namen auslöschen
Carthagine *deleta*	nach der Zerstörung Karthagos

Quam varie et *copiose* haec dicuntur!	Wie bunt und wortreich wird dies ausgedrückt!
Quam *copiosae* sunt illae familiae!	Wie reich jene Familien sind!
In *crucem* agatur!	Er soll gekreuzigt werden!

reich ausgestattet   B

ornatus	(schmuckvoll) ausgestattet
copiosus	reich ausgestattet; wortreich
locuples	reich
aëneus	aus Erz (gemacht)
singularis	außerordentlich, einzeln, einzigartig
praeclarus	großartig

pingere

incidere

Negative Verhaltensweisen   E

improbitas	Schlechtigkeit, Unverschämtheit
avaritia	Geiz, Habsucht
libido	(heftiges) Verlangen, Lust, Willkür
audacia	Frechheit, Kühnheit
odium	Hass
crudelitas	Grausamkeit
furor	Wahnsinn, Wut

quaerere	quaero	quaesivi	quaesitum	erwerben wollen; suchen; fragen	K
conquirere	conquiro	conquisivi	conquisitum	einsammeln, (zusammen)suchen, sich aneignen (wollen)	
requirere	requiro	requisivi	requisitum	aufsuchen, sich erkundigen; verlangen	

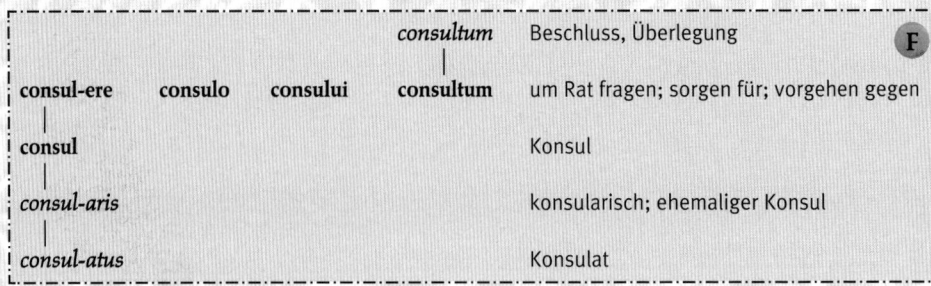

			consultum	Beschluss, Überlegung	F
consul-ere	consulo	consului	consultum	um Rat fragen; sorgen für; vorgehen gegen	
consul				Konsul	
consul-aris				konsularisch; ehemaliger Konsul	
consul-atus				Konsulat	

cōnflāre	cōnflō	1 zusammenbringen 2 entfachen	
conquīrere	conquīrō, conquīsīvī, conquīsītum	einsammeln, (zusammen)suchen, sich aneignen (wollen)	
cōnsīderāre	cōnsīderō	1 überlegen 2 genau betrachten	*e. to consider, f. con- sidérer, i. considerare, s. considerar*
cōnsulāris	e *Subst.*	1 konsularisch 2 ehemaliger Konsul	*e./s. consular, f. consu- laire, i. consolare*
cōnsulātus	cōnsulātūs *m*	Konsulat	
cōnsultum		1 Beschluss 2 Überlegung	
contemnere	contemnō, contempsī, contemptum	verachten, nicht beachten	*e. to contemn*
cōpiōsus	a, um	1 reich ausgestattet 2 wortreich	*e. copious, f. copieux, i./s. copioso*
cottīdiānus	a, um	alltäglich, täglich	*e. quotidian, f. quotidien, i. quotidiano, s. cotidiano*
cottīdiē	*Adv.*	täglich	
cruciātus	cruciātūs *m*	Folter, Qual	
crūdēlitās	crūdēlitātis *f*	Grausamkeit	*e. cruelty, f. cruauté, i. crudeltà, s. crueldad*
crux	crucis *f*	Kreuz	*Kruzifix, Krux*
custōdīre	custōdiō, custōdīvī	bewachen, im Auge behalten	*Küster*
dēclārāre	dēclārō	deutlich machen, verkünden	*Deklaration, e. to declare, f. déclarer, i. dichiarare, s. declarar*
dēfēnsiō	dēfēnsiōnis *f*	Verteidigung	
dēlēre	dēleō, dēlēvī, dēlētum	auslöschen, zerstören	*„DELETE"*

CICERO

deligere
exitium

Complures socii *eodem* **convenerunt.**	Ebendort kamen mehrere Gefährten zusammen.
Etenim quid est,	Was hast du denn für einen Grund,
quod iam amplius exspectes?	noch mehr zu erwarten?
equestris **pugna**	das Reitergefecht

Positive Verhaltensweisen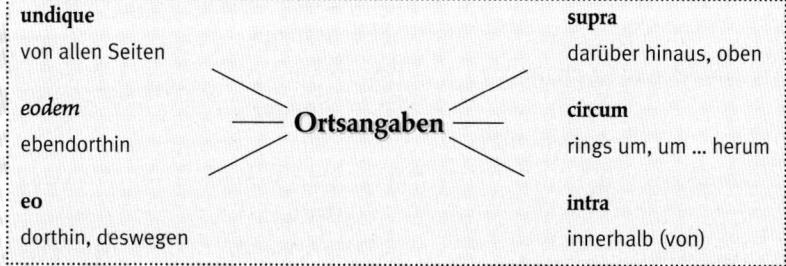

diligentia	Aufmerksamkeit, Sorgfalt
aestimatio	Schätzung, Wertschätzung
caritas	Liebe; hoher Preis
humanitas	Bildung; Menschlichkeit, Menschenfreundlichkeit
pudor	Scham(gefühl); Anstand

---

undique
von allen Seiten

supra
darüber hinaus, oben

eodem
ebendorthin

— **Ortsangaben** —

circum
rings um, um ... herum

eo
dorthin, deswegen

intra
innerhalb (von)

---

solvere	**solvo**	**solvi**	**solut-um**	auflösen, bezahlen, lösen
			dis-solut-us	nachlässig, untätig

si	falls, wenn; ob	
si-ve	oder, oder wenn	
si-n	wenn aber	
etiam-si	auch wenn	
et-si	auch wenn, obwohl	
tamet-si	obwohl	
qua-si	gleichsam; wie wenn, als ob	
ni-si	wenn nicht; *nach Verneinung*: nur	

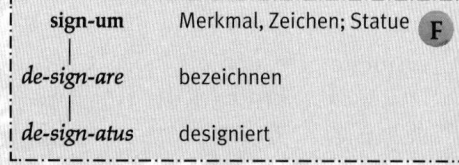

sign-um	Merkmal, Zeichen; Statue
de-sign-are	bezeichnen
de-sign-atus	designiert

dēligere	dēligō, dēlēgī, dēlēctum	auswählen	
dēnārius		Denar	
dēpellere	dēpellō, dēpulī, dēpulsum	vertreiben	
dēportāre	dēportō	(weg)bringen, herbeibringen	*deportieren, Deportation*
dēprehendere	dēprehendō, dēprehendī, dēprehēnsum	1 bemerken 2 ergreifen 3 ertappen	
dēsīgnāre	dēsīgnō	bezeichnen	*designieren, e. to designate, f. désigner, i. designare, s. designar*
dēsīgnātus	a, um	designiert *(gewählt, aber noch nicht amtierend)*	
dētrahere	dētrahō, dētrāxī, dētractum	entreißen, wegnehmen	
dīligentia		Aufmerksamkeit, Sorgfalt	
dissimulāre	dissimulō	verheimlichen, verleugnen	*e. to dissimulate, f. dissimuler*
dissolūtus	a, um	nachlässig, untätig	
ecquid	(~ num quid)	denn etwa	
eōdem	*Adv.*	ebendorthin	
equester	equestris, equestre	Reiter-, Ritter-	
erumpere	erumpō, erūpī, eruptum	1 hinausstürzen 2 ans Licht kommen	*Eruption*
etenim		denn, nämlich	
etiamsī	*Subj.*	auch wenn	
eximius	a, um	außergewöhnlich, außerordentlich	
exitium		Untergang, Verderben	

CICERO

exponere

incidere

Exponam vobis, qui homines eo convenerint.	Ich werde euch darlegen, welche Menschen dort zusammengekommen sind.
Nullum facinus *exstitit* nisi per te, nullum flagitium sine te.	Es gab keine Untat außer durch dich, keine Gemeinheit ohne dich.
In basi grandibus litteris P. Africani nomen *incisum* erat.	An der Basis war in Großbuchstaben der Name P. Africanus eingemeißelt.
Crux ad supplicium *fixa* est.	Das Kreuz ist zur Hinrichtung aufgestellt worden.

Götterverehrung **B**

templum	heiliger Ort, Tempel	**sacerdos**	Priester(in)
aedis	Tempel; *Pl.* Haus		
fanum	Heiligtum, Tempel	**sacer**	geweiht, heilig
sacrarium	Heiligtum	**religiosus**	fromm, gewissenhaft, heilig
sacrum	Heiligtum, Opfer		
cella	Kammer, Keller, Tempel(raum)	**vereri**	fürchten, sich scheuen; verehren

Landwirtschaft **N**

ager	Acker, Feld, Gebiet
annona	Getreideernte, Getreidepreis
frux	(Feld-)Frucht
fructus	Ertrag, Frucht, Nutzen
frumentum	Getreide
frumentarius	das Getreide betreffend, getreidereich
arator	Bauer, Pächter

fauces

fauces

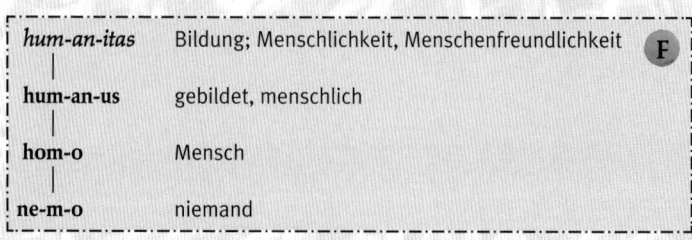

hum-an-itas	Bildung; Menschlichkeit, Menschenfreundlichkeit	**F**
hum-an-us	gebildet, menschlich	
hom-o	Mensch	
ne-m-o	niemand	

expōnere	expōnō, exposuī, expositum	darlegen	*Exposition, Exposé, Expositur, Expositus*
exsistere	exsistō, exstitī	1 (vorhanden) sein 2 auftreten	*existieren, Existenz, e. to exist, f. exister, i. esistere, s. existir*
fānum		Heiligtum, Tempel	
faucēs	faucium *Pl. f*	1 Engpass, Schlucht 2 Rachen	
fax	facis *f*	Fackel	
fīgere	fīgō, fīxī, fīxum	(in den Boden) hinein- stoßen, errichten	*fixieren, Prä-fix, Suf-fix, e. to fix, f. fixer, i. fissare*
flētus	flētūs *m*	Weinen	
frūmentārius a, um		das Getreide betreffend, getreidereich	
frūx	frūgis *f*	(Feld-)Frucht	
fugitīvus	a, um *Subst.*	1 flüchtig 2 Flüchtling	
gemma		Edelstein	*Gemme*
grātīs	*Adv.*	umsonst	*gratis*
hūmānitās	hūmānitātis *f*	1 Menschlichkeit, Menschenfreundlichkeit 2 Bildung	*Humanität, e. humanity, f. humanité, i. umanità, s. humanidad (Mensch-heit)*
iamdiū	*Adv.*	schon lange	
iamprīdem	*Adv.*	schon lange	
improbitās	improbitātis *f*	Schlechtigkeit, Unverschämtheit	
impūnē	*Adv.*	ungestraft	
incīdere	incīdō, incīdī, incīsum	einmeißeln, einritzen	

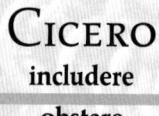

CICERO
includere
obstare

furore *inflammatus*	völlig außer sich
ad *inflammandam* urbem	um die Stadt anzuzünden
furori *obstare*	sich dem Wahnsinn widersetzen

Non possum *oblivisci* meam hanc esse patriam.	Ich kann nicht vergessen, dass das meine Heimat ist.
Non possum *oblivisci* caedis et incendiorum.	Ich kann das Blutbad und die Brände nicht vergessen.

Einfluss üben   S

commovere	bewegen, veranlassen
curare	pflegen, sorgen für, besorgen
providere	vorhersehen; sorgen für; dafür sorgen (dass)
delectare	erfreuen, unterhalten
invitare	(höflich) auffordern
obstare	hinderlich sein, Widerstand leisten
reprehendere	kritisieren, wieder aufgreifen

amicus		**in-imicus**
Freund, politischer Anhänger		feindlich; Feind
	←→	
amicitia		**in-imicitiae**
Freundschaft		Feindschaft, feindselige Haltung

Verbrechen   R

furtum	Diebstahl, Hinterlist
latrocinium	Räuberbande; Räuberei
coniuratio	Verschwörung
caedes	Blutbad, Mord

flamma	Feuer, Flamme	**claudere**	abschließen, einschließen
ǀ		ǀ	
in-flamm-are	anzünden, entflammen	*in-cludere*	einschließen

inclūdere	inclūdō, inclūsī, inclūsum	einschließen	*inklusive, e. to enclose/ to include, f. inclure, i. includere, s. incluir*
incommodum		Nachteil, Schaden, Unglück	
incommo-dus	a, um	nachteilig, unangemessen	
īnflammāre	īnflammō	anzünden, entflammen	*e. to inflame, f. enflammer, i. infiammare, s. inflamar*
inimīcitiae	inimīcitiārum *Pl.*	Feindschaft, feindselige Haltung	*e. enmity, f. inimitié, i. inimicizia, s. enemistad*
innocēns	innocentis	rechtschaffen, unschuldig	*Innozenz, e./f. innocent, i. innocente, s. inocente*
invītāre	invītō	(höflich) auffordern	*e. to invite, f. inviter, i. invitare, s. invitar*
Kalendae	Kalendārum *Pl.*	der erste Tag (eines Monats)	*Kalender*
latrōcinium		1 Räuberbande 2 Räuberei	
locuplēs	locuplētis	reich	
minārī	minor	androhen, drohen	
mortuus	a, um	tot	*f. mort, i. morto, s. muerto*
nōnne	(nōn-ne)	denn nicht, etwa nicht	
oblīvīscī	oblīvīscor, oblītus sum (*m. Gen./Akk.*)	vergessen, nicht mehr denken an jmd./etw.	*f. oublier, i. obliare, s. olvidar*
obsidēre	obsideō, obsēdī, obsessum *m. Akk.*	1 belagern, besetzt halten 2 lauern (auf etw.)	*Obsession*
obstāre	obstō, obstitī, obstātūrum *m. Dat.*	hinderlich sein, Widerstand leisten	

CICERO
ornamentum
profiteri

ornamento urbi esse	der Stadt als Schmuck dienen (die Stadt zieren)
nescio quo *pacto*	irgendwie; leider
tabula *picta*	Gemälde

Ea *penitus* animis vestris mandate!	Nehmt euch das zu Herzen!
Humanitatis est	Es ist ein Gebot der Menschlichkeit,
non *plane* spoliare urbem.	die Stadt nicht ganz und gar zu plündern.

privatim ac publice	im privaten und öffentlichen Bereich
privatim ad iudices fugere	als Privatmann bei den Richtern Zuflucht suchen

gemma

Schmuck – Wertgegenstände   B

ornamentum	Schmuck
ornatus	(schmuckvolle) Ausstattung, Schmuck
artificium	Kunst, Kunstfertigkeit
monumentum	Denkmal
simulacrum	Bild, Bildnis, Nachbildung, Schatten (e. Toten)
aes	Erz, Geld
argentum	Silber

vas

statua

tabula

Verbrecher – verbrecherisch   R

parricida	Hochverräter, Mörder
perditus	verdorben, verkommen
perniciosus	gefährlich, schädlich
improbus	schlecht, unanständig
nefarius	gottlos, verbrecherisch

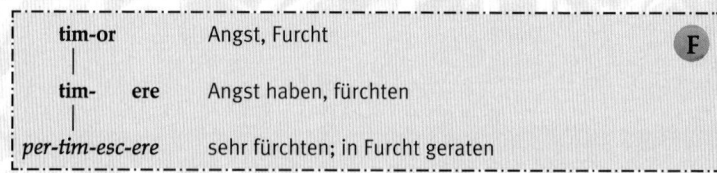

tim-or	Angst, Furcht	F
tim- ere	Angst haben, fürchten	
per-tim-esc-ere	sehr fürchten; in Furcht geraten	

ōrnāmentum		Schmuck	*Ornament, e. ornament, f. ornement, i./s. ornamento*
ōrnātus	ōrnātūs *m*	(schmuckvolle) Ausstattung, Schmuck	*Ornat*
ōrnātus	a, um	(schmuckvoll) ausgestattet	
pactum		Vereinbarung, Vertrag	*Pakt*
paries	parietis *m*	Wand	
parricīda	*m*	Hochverräter, Mörder	
partim	*Adv.*	teils	*partiell, e. partly, f. partiellement, i. parzialmente, s. parcialmente*
patefacere	patefaciō, patefēcī, patefactum	aufdecken, öffnen	
penitus	*Adv.*	im Innersten	
perditus	a, um	verdorben, verkommen	
perniciōsus	a, um	gefährlich, schädlich	*e. pernicious, f. pernicieux, i./s. pernicioso*
pertimēscere	pertimēscō (*m. Akk.*)	1 sehr fürchten 2 in Furcht geraten	
pestis	pestis *f*	Unheil, Verderben	*Pest*
pingere	pingō, pīnxī, pictum	bemalen, malen	*e. to paint, f. peindre, i. pingere, s. pintar*
plānē	*Adv.*	deutlich, ganz und gar	
posteāquam	*Subj. m. Ind.*	nachdem	
posthāc	*Adv.*	künftig	
prīvātim	*Adv.*	als Privatmann, im privaten Bereich	*privat*
profānus	a, um	profan, ungeweiht	
profitērī	profiteor, professus sum	bekennen, öffentlich erklären	*Professor, Profession, professionell*

CICERO

proprius

spolium

Quamdiu aliis insidias parabas, tuti eramus.	Solange du Überfälle auf andere machtest, waren wir sicher.
Quamdiu furor tuus nobis instabit?	Wie lange wird uns dein Wahnsinn noch zusetzen?

 (L)

nihil *religiosi*	nichts Heiliges
religiosi	fromme Leute
iudices *religiosi*	gewissenhafte Richter

(L)

spolia provinciarum	Beutestücke aus den Provinzen
statuam in antiquis locis *reponere*	eine Statue wieder an ihrem früheren Platz aufstellen

sich äußern   S

salutare	begrüßen
requirere	aufsuchen, sich erkundigen, verlangen
afferre	bringen, herbeibringen, mitbringen; melden
deferre	hinbringen, melden, übertragen
proferre	(hervor)holen, zur Sprache bringen
commemorare	erwähnen, erinnern (an)
declarare	deutlich machen, verkünden
exponere	darlegen
docere	lehren, unterrichten
nominare	nennen
profiteri	bekennen, öffentlich erklären
mandare	einen Auftrag geben, übergeben
reprehendere	kritisieren, wieder aufgreifen
minari	androhen, drohen

Öffentliches Leben   P

magistratus	Amt; Beamter		
senator	Senator	**consulatus**	Konsulat
quaestor	Quästor	**consularis**	konsularisch; ehem. Konsul
curia	Kurie	**designatus**	designiert
forum	Forum, Marktplatz, Öffentlichkeit	**equester**	Reiter-, Ritter-

vir singularis

vir singularis

salut-are	begrüßen
salus, salut-is	Gesundheit, Glück, Rettung; Gruß

soc-ius	Gefährte, Verbündeter
soc-ietas	Bündnis, Gemeinschaft

proprius	a, um (*m. Gen.*)	charakteristisch (für)	*proper, e. proper, f. propre, i./s. proprio*
quaestor	quaestōris *m*	Quästor	
quamdiū		1 wie lange	
	Subj.	2 solange	
quāpropter		1 weshalb	
		2 *relativer Satzanschluss:* deshalb	
quīntus	a, um	der fünfte	*f. cinquième, i./s. quinto*
quispiam		(irgend)einer	
quīvīs	quaevīs, quodvīs	jeder (beliebige)	
recuperāre	recuperō	wiederbekommen, wiedererlangen	*f. recouvrer/récupérer*
religiōsus	a, um	fromm, gewissenhaft, heilig	*religiös, e. religious, f. religieux, i./s. religioso*
repōnere	repōnō, reposuī, repositum	wieder (an seinem früheren Platz) aufstellen	
reprimere	reprimō, repressī, repressum	Einhalt gebieten, zurückdrängen	*Repressalie, repressiv*
sacrārium		Heiligtum	
salūtāre	salūtō	begrüßen	*salutieren, Salut, f. salut*
secūris	secūris *f*	Beil	
senātor	senātōris *m*	Senator	
sīn	*Subj.*	wenn aber	
singulāris	e	außerordentlich, einzeln, einzigartig	*singulär, Singular, e./s. singular, f. singulier, i. singolare*
societās	societātis *f*	Bündnis, Gemeinschaft	*Sozietät, e. society, f. société, i. società, s. sociedad*
spolium		Beute(stück), erbeutete Rüstung	

CICERO

statua

vulnerare

ad *summam*	insgesamt
per *triennium*	drei Jahre lang
rem publicam *vexare*	den Staat schädigen
ad salutem rei publicae *vigilare*	unermüdlich für das Wohl des Staates tätig sein

verdächtigen – beschuldigen – beweisen R

suspicari	vermuten	**suspicio**	Verdacht, Vermutung
proferre	(hervor)holen, zur Sprache bringen		
erumpere	hinausstürzen; ans Licht kommen		
deprehendere	bemerken; ergreifen; ertappen		
accusare	anklagen, beschuldigen	**testis**	Zeuge
		testimonium	Zeugenaussage, Zeugnis
probare	beweisen, für gut befinden		

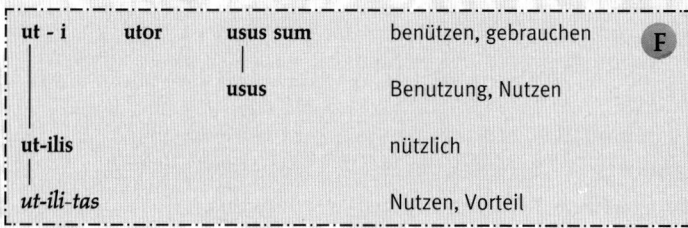

ut - i	utor	usus sum	benützen, gebrauchen F
		usus	Benutzung, Nutzen
ut-ilis			nützlich
ut-ili-tas			Nutzen, Vorteil

varietas frugum

schädigen – plündern – zerstören M

minari	androhen, drohen
inflammare	anzünden, entflammen
detrahere	entreißen, wegnehmen
depellere	vertreiben
comprimere	unterdrücken
delere	auslöschen, zerstören
obsidere	belagern, besetzt halten; lauern (auf etw.)
vexare	quälen, misshandeln, schädigen
spoliare	berauben, plündern
violare	entehren, verletzen
vulnerare	verletzen, verwunden

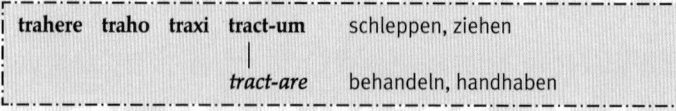

trahere	traho	traxi	tract-um	schleppen, ziehen
			tract-are	behandeln, handhaben

statua		Standbild, Statue	*e./f. statue, i. statua, s. estatua*
summa		1 Ergebnis 2 Gesamtheit 3 Hauptsache	*Summe*
testimōnium		Zeugenaussage, Zeugnis	*e. testimony, f. témoignage, i./s. testimonio*
tractāre	tractō	behandeln, handhaben	*traktieren, Traktat, e. to treat, f. traiter, i. trattare, s. tratar*
trānsferre	trānsferō, trānstulī, trānslātum	hinübertragen, übertragen	*Transfer, e. to transfer, to translate (übersetzen), f. transférer, i. transferire, s. transferir*
triennium		Zeitraum von drei Jahren	
tumultus	tumultūs *m*	Aufruhr, Lärm, Unruhe	*Tumult, e. tumult, f. tumulte, i./s. tumulto*
ūtilitās	ūtilitātis *f*	Nutzen, Vorteil	*Utilitarismus, e. utility, f. utilité*
varietās	varietātis *f*	Abwechslung, Verschiedenheit	*Variation, variieren, e. variety, f. variété, i. varietà, s. variedad*
vexāre	vexō	quälen, misshandeln, schädigen	*e. to vex, f. vexer, i. vessare, s. vejar*
vidēlicet	*Adv.*	natürlich, offensichtlich	
vigilāre	vigilō	1 wachen, wachsam sein 2 unermüdlich tätig sein	*f. veiller, i. vigilare/vegliare, s. vigilar*
vulnerāre	vulnerō	verletzen, verwunden	

exercitum ad urbem *admovere*	das Heer an die Stadt heranführen
omnes reges *antecedere*	alle Könige übertreffen

cursum equorum *aequare*	dem Lauf (Tempo) der Pferde gleichkommen (die Pferde einholen) **L**
se deis *aequare*	sich mit den Göttern auf gleiche Stufe stellen

Macedones regio imperio *assueti* erant.	Die Makedonier waren an die Königsherrschaft gewohnt.
Athenienses oraculum adire *assueti* erant.	Die Athener waren es gewohnt, sich an das Orakel zu wenden.
Ille unam urbem resistere *aegre* ferebat.	Jener ertrug es kaum (kam nicht damit zurecht), dass eine Stadt Widerstand leistete.
***Aegre* sitim patior.**	Ich ertrage den Durst kaum.

gloriae *avidus*	
gloriae *cupidus*	begierig nach Ruhm (ruhmsüchtig)
cladis memor	in Erinnerung an die Niederlage
spei plenus	voll Hoffnung

Umwelt N

fera (bestia)	***avis***
das wilde Tier	Vogel

amnis	**ora**	**nemus**	**saltus**	**saxum**
Fluss, Strom	Küste	Hain, Wald	(Wald-)Tal, Gebirge, Pass	Fels, Stein
solum	**campus**	**humus**		
Boden, Grund	Feld, freier Platz	Erdboden, Erde		

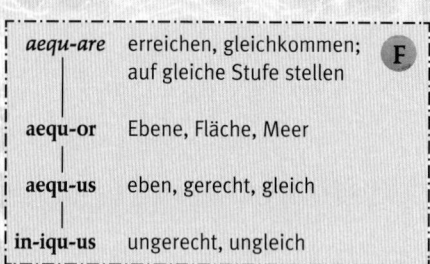

aequ-are	erreichen, gleichkommen; auf gleiche Stufe stellen	**F**
aequ-or	Ebene, Fläche, Meer	
aequ-us	eben, gerecht, gleich	
in-iqu-us	ungerecht, ungleich	

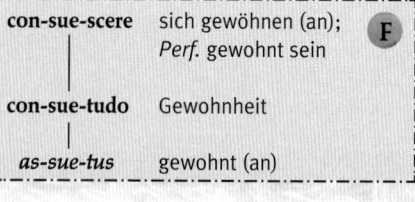

con-sue-scere	sich gewöhnen (an); *Perf.* gewohnt sein	**F**
con-sue-tudo	Gewohnheit	
as-sue-tus	gewohnt (an)	

admonēre	admoneō (*m. Gen.*)	1 auffordern, ermahnen 2 erinnern (an)	*e. to admonish, f. admonester, i. ammonire*
admovēre	admoveō, admōvī, admōtum	heranbringen	
aegrē	*Adv.*	kaum, mit Mühe, widerwillig	
aequāre	aequō *m. Akk.* (*m. Dat.*)	1 erreichen, jmd. gleichkommen 2 auf gleiche Stufe stellen	*Äquator*
affirmāre	affirmō	behaupten, bestätigen	*affirmativ, e. to affirm, f. affirmer, i. affermare, s. afirmar*
āgnōscere	āgnōscō, āgnōvī, āgnōtum	anerkennen, erkennen	
amnis	amnis *m*	Fluss, Strom	
antecēdere	antecēdō, antecessī, antecessum (*m. Akk./Dat.*)	1 vorausgehen 2 (jmd.) übertreffen	
assuētus	a, um (*m. Dat./Abl./Inf.*)	gewohnt (an)	
avidus	a, um (*m. Gen.*)	(be)gierig (nach)	*e. avid, f. avide, i. avido, s. ávido*
avis	avis *f*	Vogel	*f. oiseau, i. uccello, s. ave*
captīvus	a, um *Subst.*	1 gefangen 2 Gefangener	*e. captive, f. captif, i. cattivo (schlecht)*
circā	*Adv. m. Akk.*	1 ringsum; ungefähr 2 um ... herum	*ca. (circa)*
circumstāre	circumstō, circumstetī (*m. Akk.*)	herumstehen (um), umringen	

CURTIUS

clades

expeditus

cogitatio huius rei	der Gedanke an diesen Sachverhalt
ingentem iram *concipere*	gewaltigen Zorn auf sich ziehen
spem *concipere*	Hoffnung schöpfen
dies *destinatus*	ein bestimmter Tag

Krieg   M

obsidere	belagern, besetzt halten; lauern
fatigare	müde machen, (hart) zusetzen
dimicare	kämpfen
violare	entehren, verletzen
caedere	fällen, niederschlagen
subigere	unterwerfen, (be)zwingen
exstinguere	auslöschen, vernichten
occidere	niederschlagen, töten
armatus	bewaffnet
expeditus	kampfbereit, unbehindert
captivus	gefangen; Kriegsgefangener
pedes	Fußsoldat, Infanterist
praefectus	Befehlshaber, Feldherr
gladius	Schwert
munimentum	Befestigung(swerk), Schutz
praeda	Beute
clades	Niederlage, Unglück, Unheil

Zusammenkunft   B

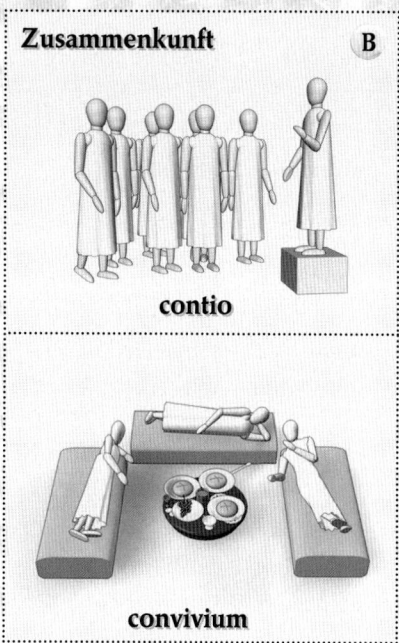

contio

convivium

cup-ere	verlangen, wünschen	F
cup-idus	(be)gierig	
cup-ido	Leidenschaft, Verlangen	
cup-iditas	(heftiges) Verlangen, Leidenschaft	

Präpositionen mit Akkusativ

ad	an, bei, nach, zu
ante	vor
apud	bei, nahe bei
circa	um ... herum
erga	in Bezug auf, im Hinblick auf
in	in (... hinein), nach (... hin), gegen *(wohin?)*
inter	unter, während, zwischen
per	durch, hindurch
post	hinter, nach
praeter	außer
sub	nahe an ... heran, unter *(wohin?)*

clādēs	clādis *f*	Niederlage, Unglück, Unheil	
cōgitātiō	cōgitātiōnis *f*	Gedanke, Überlegung	
coīre	coeō, coiī, coitum	zusammenkommen, sich vereinen	*Koitus*
comitārī	comitor	begleiten	
concipere	concipiō, concēpī, conceptum	(in sich) aufnehmen, empfangen	*konzipieren, Konzept, e. to conceive, f. concevoir, i. concepire, s. concebir*
cōntiō	cōntiōnis *f*	(Volks-)Versammlung	
cupīdō	cupīdinis *f* (*m. Gen.*)	Leidenschaft, Verlangen (nach)	
dēsīderium	(*m. Gen.*)	Sehnsucht, Verlangen (nach)	*Desiderat, e. desire, f. désir, i. desiderio*
dēstināre	dēstinō	beschließen, bestimmen, festsetzen	*e. destine, f. destiner*
dētrahere	dētrahō, dētrāxī, dētractum	entreißen, wegnehmen	
dīmicāre	dīmicō	kämpfen	
discrīmen	discrīminis *n*	1 Entscheidung 2 Gefahr 3 Unterschied	
ēligere	ēligō, ēlēgī, ēlēctum	auswählen	*Elite, e. to elect, f. élire, i. eleggere, s. elegir*
ergā	*m. Akk.*	in Bezug auf, im Hinblick auf	
eximius	a, um	außergewöhnlich, außerordentlich	
expedītus	a, um	kampfbereit, unbehindert	*Expedition*

CURTIUS

externus

linquere

vasa *implere*	Gefäße füllen
in regem *incidere*	auf den König treffen
vestes *induere*	Kleider anziehen
vestes *inicere*	Kleider anziehen
manum inimico *inicere*	(gewaltsam) Hand an den Feind legen
curam *inicere*	Sorge machen

nobilis	↔	*ig-nobilis*	**W**
adelig, berühmt, vornehm		unbedeutend, unbekannt, von niedriger Herkunft	

Aussehen

habitus	äußere Erscheinung, Kleidung, Zustand
species	Anblick, Aussehen, Schein
vestis	Kleidung; *Pl.* Kleider
induere	anziehen
inicere	hineinwerfen, einflößen; anlegen, anziehen

F

linqu-ere	verlassen, zurücklassen
re-linqu-ere	unbeachtet lassen, verlassen, zurücklassen
re-liqu-us	künftig, übrig

K

habere	**habeo**	haben, halten; halten (für)
inhibere	**inhibeo**	anhalten, zurückhalten
prohibere	**prohibeo**	abhalten, hindern
debere	**debeo**	müssen, sollen; schulden
praebere	**praebeo**	geben, hinhalten

Gastmahl – Gelage

B

convivium	Gastmahl, Gelage
sitis	Durst
vinum	Wein
cibus	Nahrung, Speise
sedes	Platz, Sitz, Wohnsitz
spado	Eunuch
donum	Geschenk
sermo	Äußerung, Gerede, Gespräch, Sprache

coire	zusammenkommen, sich vereinigen
comitari	begleiten
intrare	betreten, eintreten
ingredi	betreten, beginnen
considere	sich setzen, sich niederlassen
haurire	trinken, in sich aufnehmen
manare	fließen

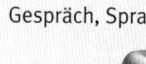

externus	a, um	ausländisch, fremd	*extern, e. strange,* *f. étranger, s. extranjero*	
fatīgāre	fatīgō	müde machen, (hart) zusetzen	*e. to fatigue, f. fatiguer,* *i. faticare, s. fatigar*	
fera (bestia)		das wilde Tier		
finīre	finiō, finīvī, finītum	beenden, begrenzen	*e. to finish, f. finir,* *i. finire*	
genū	genūs *n*	Knie		
gīgnere	gīgnō, genuī, genitum	(er)zeugen, gebären, hervorbringen		
habitus	habitūs *m*	äußere Erscheinung, Kleidung, Zustand	*Habit, e./f. habit,* *i. abito, s. hábito*	
haurīre	hauriō, hausī, haustum	trinken, in sich aufnehmen		
iamque	(~ et iam)	(und) nun, schon		
īgnōbilis	e	unbedeutend, unbekannt, von niedriger Herkunft		
implēre	impleō, implēvī, implētum	erfüllen, vollkommen ausfüllen, voll machen		
incidere	incidō, incidī (*m. Dat.*) (in *m. Akk.*)	1 fallen (auf etw.) 2 treffen (auf jmd.) 3 hinzukommen		
incola	*m/f*	Bewohner, Einwohner		
induere	induō, induī, indūtum	anziehen		
inhibēre	inhibeō	anhalten, zurückhalten		
inicere	iniciō, iniēcī, iniectum	1 hineinwerfen, einflößen 2 anlegen, anziehen	*Injektion*	
lacerāre	lacerō	zerfetzen, zerreißen		
linquere	linquō, līquī, lictum	verlassen, zurücklassen		

CURTIUS

manare
perducere

oriente **luce**	bei Sonnenaufgang
animo *pendens*	(im Herzen) unentschlossen

cladis	**meminisse**	sich an die Niederlage erinnern
	oblivisci	die Niederlage vergessen
sceleris	**accusare**	wegen eines Verbrechens anklagen
	damnare	wegen eines Verbrechens verurteilen

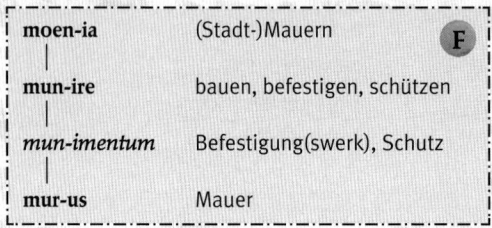

moen-ia   (Stadt-)Mauern   F

mun-ire   bauen, befestigen, schützen

mun-imentum   Befestigung(swerk), Schutz

mur-us   Mauer

fühlen   G

cupido	**desiderium**	*misericordia*	**gemitus**	**ira**
Leidenschaft, Verlangen	Sehnsucht, Verlangen	Barmherzigkeit, Mitleid	Seufzen, Traurigkeit	Zorn

irasci	**pudet**
in Zorn geraten, zornig sein	es beschämt

avidus	**sollicitus**	**contentus**	**felix**	**laetus**
(be)gierig	besorgt, unruhig	zufrieden	erfolgreich, glückbringend, glücklich	froh; fruchtbar

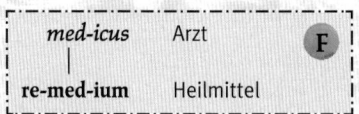

med-icus	Arzt F
re-med-ium	Heilmittel

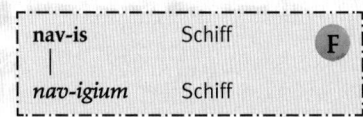

nav-is	Schiff F
nav-igium	Schiff

beginnen

ordiri	beginnen
incipere	anfangen, beginnen
ingredi	betreten, beginnen
inire	hineingehen, beginnen

mānāre	mānō	fließen	
medicus		Arzt	*Medizin, Medikament,* *f. médecin, i. medico,* *s. médico*
misericordia		Barmherzigkeit, Mitleid	*f. miséricorde,* *i./s. misericordia*
mūnīmentum		Befestigung(swerk), Schutz	
nāvigium		Schiff	*Navigation*
necessitās	necessitātis *f*	1 Notlage, Notwendigkeit 2 *Pl.* Ausgaben, Bedürfnisse	*Necessaire*
nefās	*n*	Frevel(tat), Unrecht	
nemus	nemoris *n*	Hain *(heilige Stätte einer Gottheit)*, Wald	
oblīvīscī	oblīvīscor, oblītus sum (*m. Gen.*)	vergessen, nicht mehr denken (an jmd.)	*f. oublier, i. obliare,* *s. olvidar*
obsidēre	obsideō, obsēdī, obsessum (*m. Akk.*)	1 belagern, besetzt halten 2 lauern (auf etw.)	*Obsession*
ōlim	*Adv.*	künftig einmal; schon lange	
ōrāculum		Orakel, Orakelspruch	
ōrdīrī	ōrdior, ōrsus sum	beginnen	
oriēns	orientis *m*	Osten, Orient	*orientalisch*
orīrī	orior, ortus sum	sich erheben, entstehen	
pedes	peditis *m*	Fußsoldat, Infanterist	
pendēre	pendeō, pependī (ex *m. Abl.*)	1 herabhängen 2 abhängig sein (von) 3 unentschlossen sein	*Pendel*
percontārī	percontor	fragen, sich erkundigen	*Percontatio*
perdūcere	perdūcō, perdūxī, perductum	(hin)führen, (hin)ziehen	

CURTIUS

perseverare

status

bibere *perseverare*	weiterhin trinken
in urbe obsidenda *perseverare*	die Belagerung der Stadt fortsetzen

magnam partem Asiae	einen großen Teil Asiens
in potestatem suam *redigere*	in seine Gewalt bringen
amicum beatum *redigere*	den Freund glücklich machen

L

fidei *pignus*	ein Beweis der Treue
silentio facto	nachdem Stille eingekehrt war (ist)

Pro mea salute *sollicitus* sum.	Ich bin um mein Wohl besorgt.

sōlum nur	
solum Boden, Grund	**V**

promittere	**promitto**	**promisi**	**promissum**	versprechen
			promissum	Versprechen

F

Einsamkeit – Fremde

N

solitudo	**nemus**	*saltus*	*silentium*
Einöde, Einsamkeit	Hain, Wald	(Wald-)Tal Gebirge, Pass	Schweigen, Stille

externus	**alienus**	**vastus**	**obscurus**
ausländisch, fremd	fremd	riesig; öde, verwüstet	dunkel, unbekannt

deserere	**dimittere**	**omittere**
im Stich lassen, verlassen	aufgeben, entlassen	aufgeben, beiseite lassen

sol-um nur	
sol-us allein, einzig	**F**
sol-itudo Einöde, Einsamkeit	

persevērāre	perseverō	1 andauern	
		2 standhaft bleiben	
	(*m. Inf.*)	3 weiterhin etw. tun	
pīgnus	pīgnoris *n*	Beweis, Pfand	
praefectus		Befehlshaber, Feldherr	*Präfekt, e. prefect,*
			f. préfet, i. prefetto,
			s. prefecto
prōmissum		Versprechen	*e. promise, f. promesse,*
			i. promessa, s. promesa
prōmptus	a, um	bereitwillig, entschlossen	*prompt, f. prompt*
redigere	redigō, redēgī,	1 (in einen Zustand)	*redigieren, Redakteur,*
	redāctum	bringen	*Redaktion*
	(*m. dopp. Akk.*)	2 machen (zu)	
rēgia domus		Königspalast	
rēgīna		Königin	*f. reine, i. regina, s. reina*
remedium		Heilmittel	*i. rimedio, s. remedio*
saltus	saltūs *m*	(Wald-)Tal, Gebirge, Pass	
silentium		Schweigen, Stille	*Silentium-Raum,*
			e./f. silence, i. silenzio,
			s. silencio
sitis	sitis *f*	Durst	*f. soif, i. sete, s. sed*
sōlitūdō	sōlitūdinis *f*	Einöde, Einsamkeit	*e./f. solitude, i. solitudine,*
			s. soledad
sollicitus	a, um	besorgt, unruhig	
solum		Boden, Grund	*Sohle, e. soil, f. sol,*
			i. suolo, s. suelo
spadō	spadōnis *m*	Eunuch	
stadium		Stadion (*Längenmaß;*	
		ca. 190 m)	
status	statūs *m*	Lage, Verfassung,	*Staat, e. state, f. état,*
		Zustand	*i. stato, s. estado*

CURTIUS

stirps

vincire

---

homo *strenuus*	ein tüchtiger Mensch
remedium *strenuum*	ein wirksames Heilmittel
vano **metu territus**	von grundloser Furcht erschreckt

vincire	vincio	vinxi	**vinctum**	binden, fesseln	**V**
vincere	vinco	vici	**victum**	(be)siegen, übertreffen	
vivere	vivo	vixi	**victurum**	leben	

Weissagung B

vates	Seher
oraculum	Orakel, Orakelspruch
sors	Los, Orakelspruch, Schicksal
tabernaculum	Beobachtungsplatz, Zelt
nemus	Hain, Wald
consulere	um Rat fragen; sorgen für; vorgehen gegen

außerordentlich

unicus	außerordentlich, einzig
eximius	außergewöhnlich, außerordentlich
nobilis	adelig, berühmt, vornehm
regius	königlich
amplus	bedeutend, groß, weit
altus	hoch, tief
clarus	berühmt, hell, klar
ingens	gewaltig, ungeheuer
magnus	groß, bedeutend
novus	neu, ungewöhnlich
tantus	so groß, so viel
ultimus	der äußerste, der entfernteste, der letzte

stirps	stirpis *f*	Stamm, Ursprung	
strēnuus	a, um	1 entschlossen, tüchtig 2 wirksam	*e. strenuous*
subigere	subigō, subēgī, subāctum	unterwerfen, (be)zwingen	
subinde	*Adv.*	allmählich, oft	
tabernā- culum		Beobachtungsplatz *(für die Auguren)*, Zelt	*Tabernakel*
talentum		Talent *(Geldsumme)*	*talentiert, e./f. talent*
ūnicus	a, um	außerordentlich, einzig	*Unikum, Unikat*
ūrere	ūrō, ussī, ustum	(ver)brennen, ausdörren	
vānus	a, um	leer, prahlerisch	*e./f. vain, i./s. vano*
vātēs	vātis *m/f*	Seher	
vincīre	vinciō, vinxī, vinctum	binden, fesseln	

GELLIUS

admirari

considerare

Rem *admirandam* narro.

Cognatos *affinesque* nostros oramus.
Carmen *cano*.

Ich erzähle eine bewundernswerte
(erstaunliche) Begebenheit.
Wir bitten unsere Verwandten.
Ich singe ein Lied.

Dominus furti *condemnandus est,*
qui servo suo imperavit,
ut furtum faceret.

Der Herr muss wegen Diebstahls verurteilt werden,
der seinem Sklaven befohlen hat,
einen Diebstahl zu begehen.

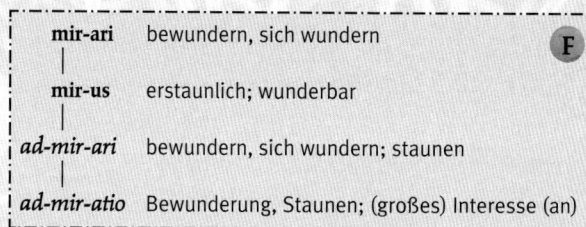

mir-ari	bewundern, sich wundern	**F**
mir-us	erstaunlich; wunderbar	
ad-mir-ari	bewundern, sich wundern; staunen	
ad-mir-atio	Bewunderung, Staunen; (großes) Interesse (an)	

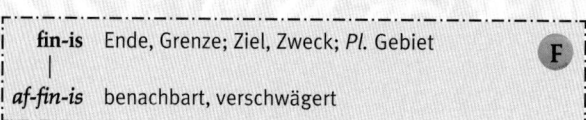

fin-is Ende, Grenze; Ziel, Zweck; *Pl.* Gebiet   **F**
af-fin-is benachbart, verschwägert

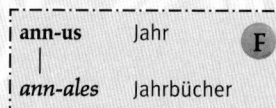

ann-us Jahr   **F**
ann-ales Jahrbücher

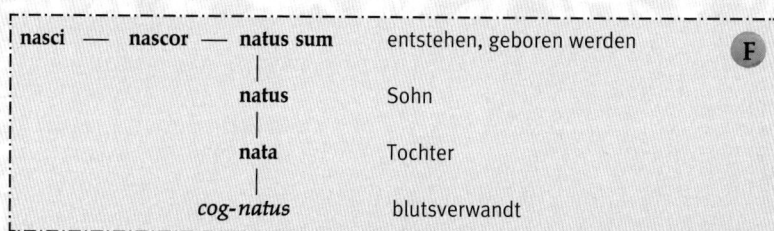

nasci — nascor — natus sum	entstehen, geboren werden	**F**
natus	Sohn	
nata	Tochter	
cog-natus	blutsverwandt	

aves   **N**

corvus   columba   pullus

admīrārī	admīror, admīrātus sum (m. Akk)	1 bewundern, sich wundern (über) 2 staunen	e. to admire, f. admirer, i. ammirare, s. admirar
admīrātiō	admīrātiōnis f (m. Gen.)	1 Bewunderung, Staunen 2 (großes) Interesse (an)	e./f. admiration, i. ammirazione, s. admiración
adversārius	a, um Subst.	1 feindlich 2 Gegner	e. adversary, f. adversaire, i. avversario, s. adversario
affīnis	e	benachbart, verschwägert	Affinität
annālēs	annālium m Pl.	Jahrbücher	Annalen
appārēre	appāreō	erscheinen, sich zeigen	e. to appear, f. apparaître, i. apparire, s. aparecer
appāret	appāruit (m. AcI)	es ist offenkundig (dass)	
avis	avis f	Vogel	f. oiseau, i. uccello, s. ave
canere	canō, cecinī	singen	Kantate, Chanson, Kantor, f. chanter, i. cantare, s. cantar
cerva		Hirschkuh	
cervīx	cervīcis f	Hals, Nacken	
clam	Adv.	heimlich	„klammheimlich"
cōgnātus	a, um	blutsverwandt	
columba		Taube	
concipere	concipiō, concēpī, conceptum	(in sich) aufnehmen, empfangen	konzipieren, Konzept, e. to conceive, f. concevoir, i. concepire, s. concebir
condemnāre	condemnō (m. Gen.)	verurteilen (wegen)	
congredī	congredior, congressus sum	kämpfen, zusammentreffen	Kongress
cōnsīderāre	cōnsīderō	überlegen, genau betrachten	e. to consider, f. considérer, i. considerare, s. considerar

puella *eximiae* **prudentiae**	ein außerordentlich kluges Mädchen (ein Mädchen von außerordentlicher Klugheit)

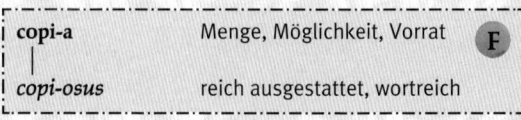

copi-a	Menge, Möglichkeit, Vorrat	**F**
copi-osus	reich ausgestattet, wortreich	

eximius			*mirificus*
außergewöhnlich, außerordentlich			erstaunlich, sonderbar
	außergewöhnlich		
ingens			**novus**
gewaltig, ungeheuer			neu, ungewöhnlich

ēdere	**ēdō**	**ēdidī**	**ēditum**	herausgeben, bekanntmachen	**V**
edere	**edō**	**ēdī**	**ēsum**	essen	

exsistere	**exsisto**	**exstiti**	(vohanden) sein; auftreten	**F**
resistere	**resisto**	**restiti**	stehen bleiben; Widerstand leisten	
consistere	**consisto**	**constiti**	haltmachen, sich aufstellen	

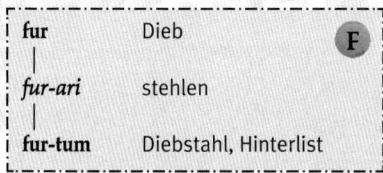

fur	Dieb	**F**
fur-ari	stehlen	
fur-tum	Diebstahl, Hinterlist	

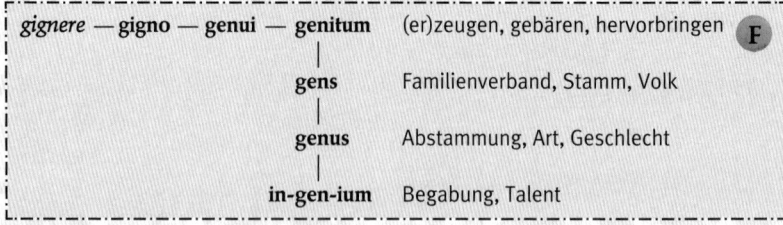

gignere — gigno — genui — **genitum**	(er)zeugen, gebären, hervorbringen	**F**
gens	Familienverband, Stamm, Volk	
genus	Abstammung, Art, Geschlecht	
in-gen-ium	Begabung, Talent	

— · —	**cōnsultāre**	cōnsultō *m. Dat.*	1 beraten 2 sorgen für	*konsultieren, e. to* *consult, f. consulter*
— · —	**cōpiōsus**	a, um	reich ausgestattet; wortreich	*e. copious, f. copieux,* *i./s. copioso*
	cōram	*Adv.*	vor aller Augen	*„coram publico"*
	corvus		Rabe	
	crās	*Adv.*	morgen	
	cubiculum		Schlafzimmer, Zimmer	
	dēclārāre	dēclārō	deutlich machen, verkünden	*Deklaration, e. to declare,* *f. déclarer, i. dichiarare*
	disciplīna		1 Disziplin 2 Kenntnisse 3 Unterricht	*e./f. discipline,* *i./s. disciplina*
	doctus	a, um	gelehrt	*Doktor*
	dubium		Zweifel	*e. doubt, f. doute,* *i. dubbio, s. duda*
	ecquid		ob etwa	
	edepol		beim Pollux, wahrhaftig	
— · —	**edere**	edō, ēdī, ēsum	essen	*e. to eat*
	etiamsī	*Subj.*	auch wenn	
- - - -	**eximius**	a, um	außergewöhnlich, außerordentlich	
— · —	**exsistere**	exsistō, exstitī	1 (vorhanden) sein 2 auftreten	*existieren, Existenz,* *e. to exist, f. exister,* *i. esistere, s. existir*
	fārī	for, fātum	sprechen	
	fera (bestia)		das wilde Tier	
	fermē	*Adv.*	fast, ungefähr	
	fēstīvus	a, um	heiter, witzig	*Festivität*
— · —	**fūrārī**	fūror	stehlen	
— · —	**gīgnere**	gīgnō, genuī, genitum	(er)zeugen, gebären, hervorbringen	

Imperator Poenus exercitui Romano *obviam* progreditur.	Der punische Feldherr tritt dem römischen Heer entgegen.
Tarquinius pretium *percontatus est.*	Tarquinius erkundigte sich nach dem Preis.

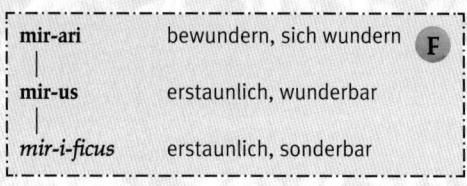

mir-ari	bewundern, sich wundern
mir-us	erstaunlich, wunderbar
mir-i-ficus	erstaunlich, sonderbar

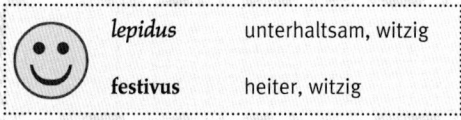

lepidus	unterhaltsam, witzig
festivus	heiter, witzig

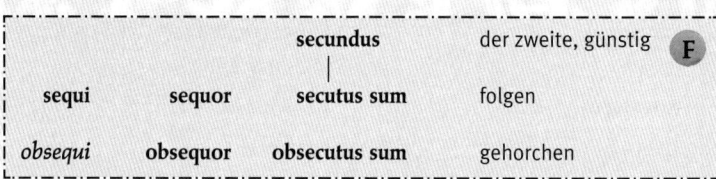

		secundus	der zweite, günstig
sequi	sequor	secutus sum	folgen
obsequi	obsequor	obsecutus sum	gehorchen

Tätigkeit eines Philosophen   **B**

percontari	fragen, sich erkundigen
considerare	überlegen, genau betrachten
componere	abfassen, ordnen, schlichten; vergleichen
censere	meinen, einschätzen; s. Stimme abgeben
animadvertere	bemerken; vorgehen gegen
declarare	deutlich machen, verkünden
consultare	beraten; sorgen für

gratiā	(*nachgestellt*) *m. Gen.*	wegen		*f. grâce à, i. grazie a, s. gracias a*
hūiusmodī		(von) dieser Art		
immānis	e	furchtbar, schrecklich		
inclutus	a, um	berühmt		
induere	induō, induī, indūtum	anziehen		
iussum		Befehl, Verordnung		
iuventa		Jugend, Jugendalter		*e. youth, f. jeunesse, i. gioventù, s. juventud*
Kalendae	Kalendārum *Pl.*	der erste Tag (eines Monats)		*Kalender*
laniāre	laniō	zerfetzen, zerfleischen		
lepidus	a, um	unterhaltsam, witzig		
līgnum		Holz		*i. legno*
medium		Mitte		*Medium, e. middle, f. milieu, i. mezzo, s. medio*
mīrificus	a, um	erstaunlich, sonderbar		
mītis	e	mild, zahm		
mūtuus	a, um	gegenseitig, geliehen		
nāvita	*m*	Seemann		
novem		neun		*f. neuf, i. nove, s. nueve*
nusquam	*Adv.*	nirgends		
obsequī	obsequor, obsecūtus sum	gehorchen		
obviam	*Adv.*	entgegen		
ōrāculum		Orakel, Orakelspruch		
ōrnātus	ōrnātūs *m*	(schmuckvolle) Ausstattung, Schmuck		*Ornat*
percontārī	percontor, percontātus sum (*m. Akk.*)	fragen, sich erkundigen (nach)		*Percontatio*

GELLIUS

peritus

seges

Draco iuris divini et humani *peritus* fuit.	Draco war sachkundig im göttlichen und menschlichen Recht.
Draco multa esse *prudentia* existimatus est.	Man meinte, dass Draco sehr klug sei. (Man hielt Draco für sehr klug.)

Satis, *plane* satis credo Romanis esse haec omnia.	Genug, ganz und gar genug ist das den Römern, wie ich glaube.
Plane locutus sum.	Ich habe deutlich gesprochen.

Philosophie   B

philosophia	Philosophie
prudentia	Kenntnis, Klugheit
disciplina	Disziplin; Kenntnisse; Unterricht

Eigenschaften eines Philosophen

sapiens	weise, einsichtig
peritus	erfahren, sachkundig
doctus	gelehrt
copiosus	reich ausgestattet, wortreich
severus	ernst, streng
lepidus	unterhaltsam, witzig

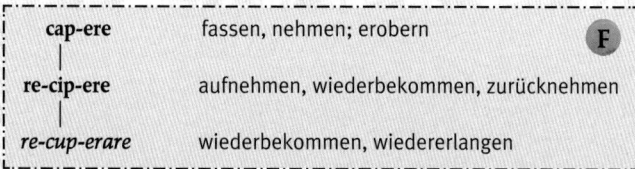

cap-ere	fassen, nehmen; erobern F
re-cip-ere	aufnehmen, wiederbekommen, zurücknehmen
re-cup-erare	wiederbekommen, wiedererlangen

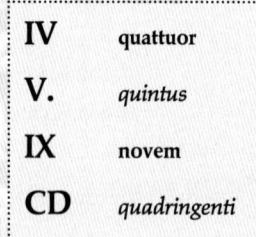

IV	quattuor
V.	*quintus*
IX	novem
CD	*quadringenti*

perītus	a, um (*m. Gen.*)	erfahren, sachkundig (in)	*i./s. perito (Sachverständiger)*
philosophia		Philosophie	*e. philosophy, f. philosophie, i. filosofia, s. filosofía*
philosophus		Philosoph	*e. philosopher, f. philosophe, i. filosofo, s. filósofo*
plānē	*Adv.*	deutlich, ganz und gar	*Plan, e. plain, s. llano*
postrīdiē	*Adv.*	am folgenden Tag	
proptereā		deswegen	
prūdentia		Kenntnis, Klugheit	*e./f. prudence, i. prudenza, s. prudencia*
pullus		Junges, Küken	
pūnīre	pūniō, pūnīvī	bestrafen	*e. to punish, f. punir, i. punire*
quadrin- gentī	ae, a	vierhundert	
quīntus	a, um	der fünfte	*Quintus, f. cinquième, i./s. quinto*
quispiam		(irgend)einer	
recuperāre	recuperō	wiederbekommen, wiedererlangen	
religiōsus	a, um	fromm, gewissenhaft, heilig	*religiös, e. religious, f. religieux, i./s. religioso*
reus		Angeklagter	*i./s. reus*
sacrificium		Opfer	*e./f. sacrifice, i./s. sacrificio*
saevīre	saeviō	toben, wüten	
sapiēns	sapientis	weise, einsichtig	*Homo sapiens, e./f. sage, i. saggio, s. sabio*
scrīptor	scrīptōris *m*	Schriftsteller, Verfasser	
seges	segetis *f*	Saat, Saatfeld	

GELLIUS

senator

victus

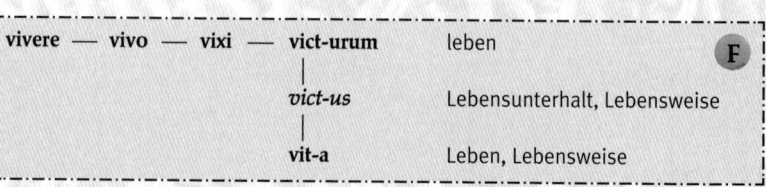

vivere — vivo — vixi —	**vict-urum**	leben	**F**
	vict-us	Lebensunterhalt, Lebensweise	
	vit-a	Leben, Lebensweise	

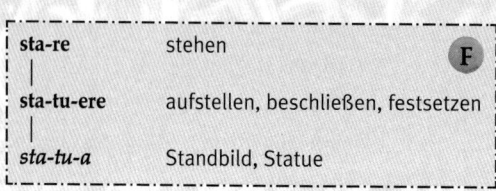

sta-re	stehen	**F**
sta-tu-ere	aufstellen, beschließen, festsetzen	
sta-tu-a	Standbild, Statue	

richten – bestrafen – gehorchen   **R**

condemnare	verurteilen
punire	bestrafen
verberare	geißeln, schlagen
obsequi	gehorchen
parere	gehorchen, sich richten nach

N

serpens   leo   cerva

senātor	senātōris *m*	Senator	
serpēns	serpentis *m/f*	Schlange	*Serpentine*
sevērus	a, um	ernst, streng	*e. severe, f. sévère, i./s. severo*
statua		Standbild, Statue	*e./f. statue, i. statua, s. estatua*
strēnuus	a, um	1 entschlossen, tüchtig 2 wirksam	*e. strenuous*
talentum		Talent *(Geldsumme)*	*talentiert, e./f. talent*
toga		Toga	
torrēre	torreō, torruī, tostum	1 braten 2 trocknen	*Toast, e. to toast*
ūrere	ūrō, ussī, ustum	1 (ver)brennen 2 austrocknen	
vānus	a, um	1 leer 2 prahlerisch	*e./f. vain, i./s. vano*
venēnum		(giftiger) Saft, Gift	*i. veleno, s. veneno*
verberāre	verberō	geißeln, schlagen	
vīctus	vīctūs *m*	Lebensunterhalt, Lebensweise	*Viktualienmarkt*

NEPOS

admirari

commemorare

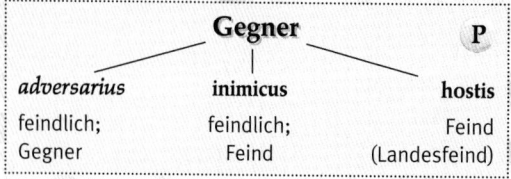

Gegner   P

adversarius   inimicus   hostis
feindlich;   feindlich;   Feind
Gegner   Feind   (Landesfeind)

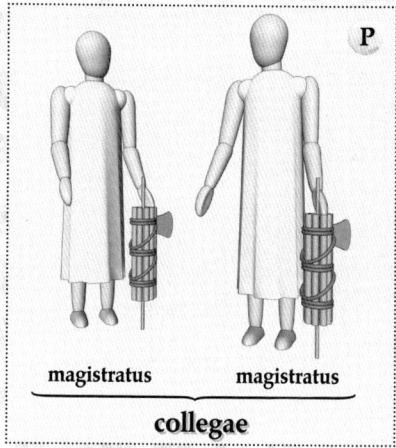

magistratus   magistratus

collegae   P

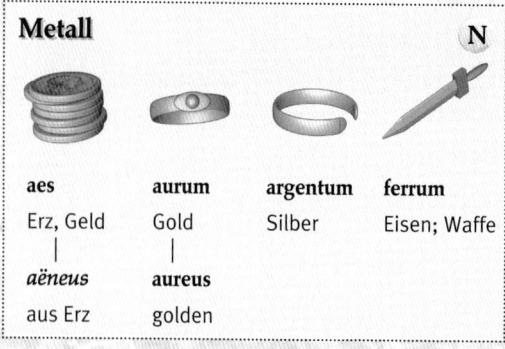

Metall   N

aes   aurum   argentum   ferrum
Erz, Geld   Gold   Silber   Eisen; Waffe
| |
aëneus   *aureus*
aus Erz   golden

apparet   es ist offenkundig
refert   es ist wichtig

---

clam   ←→   **palam**
heimlich   bekannt, in aller Öffentlichkeit

---

loqui   reden, sprechen
|
col-loqui   sich unterhalten; verhandeln; besprechen

---

memorare   erwähnen, sagen
|
com-memorare   erwähnen, erinnern

admirārī	admīror, admīrātus sum (m. Akk.)	1 staunen 2 bewundern, sich wundern (über)	e. to admire, f. admirer, i. ammirare, s. admirar
adulēscentia		Jugend(alter)	Adoleszenz, e./f. adolescence, i. adolescenza, s. adolescencia
adversārius	a, um Subst.	1 feindlich 2 Gegner	e. adversary, f. adversaire, i. avversario, s. adversario
aēneus	a, um	aus Erz	
antecēdere	antecēdō, antecessī, antecessum (m. Akk./Dat.)	1 vorausgehen 2 (jmd.) übertreffen	
appārēre	appāreō	erscheinen, sich zeigen	e. to appear, f. apparaître, i. apparire, s. aparecer
appāret	(m. AcI)	es ist offenkundig (dass)	
ascendere	ascendō, ascendī, ascēnsum	besteigen, hinaufsteigen (zu)	Aszendent, e. to ascend, f. ascenseur (Aufzug), i. ascendere, s. ascender
bellāre	bellō	Krieg führen	
callidus	a, um	schlau	
cārītās	cārītātis f	1 Liebe 2 hoher Preis	„Caritas", karitativ, e. charity, f. charité, i. carità, s. caridad
cēlāre	cēlō (m. Akk.)	verheimlichen (vor jmd.)	e. to conceal, i. celare, s. celar
clam	Adv.	heimlich	„klammheimlich"
collēga	m	Amtsgenosse	Kollege, Kollegium, kollegial
colloquī	colloquor, collocūtus sum	1 sich unterhalten 2 verhandeln 3 besprechen	Kolloquium
commemorāre	commemorō (m. Akk.)	erwähnen, erinnern (an etw.)	

eodem animo *erga* Italiam esse	in Bezug auf Italien dieselbe Einstellung haben
odium *erga* Romanos conservare	den Hass gegen (im Hinblick auf) die Römer bewahren
multitudinem navium *explicare*	eine Menge Schiffe bereitstellen
utilitatem oratione *explicare*	den Vorteil in einer Rede erklären
primus *gradus* capiendae rei publicae	der erste Schritt, die Staatsgewalt an sich zu reißen
iterum a *gradu* depelli	wieder von der Stellung vertrieben werden

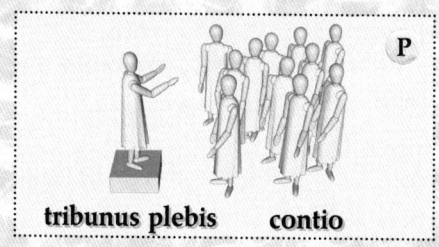

tribunus plebis   contio

P

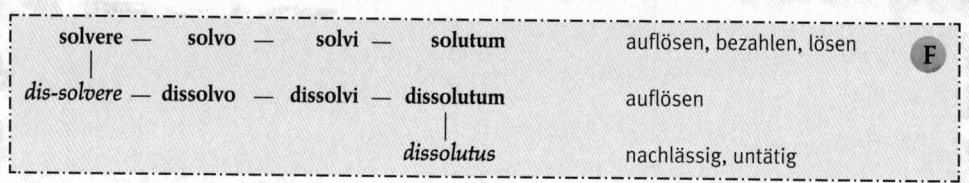

solvere —	solvo —	solvi —	solutum	auflösen, bezahlen, lösen
dis-solvere —	dissolvo —	dissolvi —	dissolutum	auflösen
			dissolutus	nachlässig, untätig

F

colloqui
sich unterhalten; verhandeln; besprechen

persuadere
überreden (mit ut), überzeugen (mit AcI)

vocare
(be)nennen, rufen

inquam
sag(t)e ich

referre
(zurück)bringen, berichten

dicere
sagen, sprechen; benennen

nuntiare
melden

reden – sprechen

loqui
reden, sprechen

commemorare
erwähnen, erinnern

appellare
anrufen; nennen

contendere
behaupten; eilen; sich anstrengen, kämpfen

explicare
entfalten, erklären

S

cōnflīgere	cōnflīgō, cōnflīxī, cōnflīctum	kämpfen, zusammen-stoßen	*Konflikt, e. to conflict*
cōntiō	cōntiōnis f	(Volks-)Versammlung	
dēlēre	dēleō, dēlēvī, dēlētum	zerstören, auslöschen	*„DELETE"*
dēpellere	dēpellō, dēpulī, dēpulsum	vertreiben	
dēportāre	dēportō	(weg)bringen, herbeibringen	*deportieren, Deportation*
dīmicāre	dīmicō	kämpfen	
dissolvere	dissolvō, dissolvī, dissolūtum	auflösen	*f. dissoudre, i. dissolvere, s. disolver*
dissolūtus	a, um	nachlässig, untätig	
dubius	a, um	ungewiss, zweifelhaft	*dubios, e. doubious, f. douteux, i. dubbioso, s. dudoso*
ergā	*m. Akk.*	in Bezug auf, im Hinblick auf	
exitus	exitūs m	1 Ausgang 2 (Lebens-)Ende	*„EXIT", e. exit, i. uscita*
explicāre	explicō	entfalten, erklären	*explizit, e. to explicate, f. expliquer, s. explicar*
fugāre	fugō	in die Flucht schlagen	
futūrus	a, um	zukünftig	*Futur, e. future, f. futur, i./s. futuro*
futūrum esse/fore		sein werden, (künftig) sein	
gradus	gradūs m	1 Schritt 2 Stellung *(milit.)*	*Grad, e. degree/grade, f. degré/grade, i./s. grado*
hospitium		Gastfreundschaft	*Hospiz, Hospital, Hotel*
iānua		(Haus-)Türe, Eingang	*Januar*

Multitudini timor *iniectus est*. — Der Menschenmenge wurde Furcht eingeflößt. (Die Menschenmenge bekam Angst.)

mentione de Hannibale facta — nachdem Hannibal erwähnt worden war (ist)
in contionem *prodire* — in (vor) der Volksversammlung auftreten
obviam venire — entgegenkommen

absentem *reum* facere — (jemanden) in Abwesenheit anklagen
reus sceleris — eines Verbrechens angeklagt

lacrim-a — Träne
|
lacrim-a-re — beweinen, weinen

nox, noct-is — Nacht **F**
|
noct-u — nachts

mors, mort-is — Tod **F**
|
mori morior **mort-uus sum** — sterben
|
mort-uus — tot

pars, part-is — Teil, Seite, Richtung **F**
|
part-im — teils

partim … partim — teils … teils

serpens

nachdem	**cum**	m. Konj.	als, nachdem; weil; obwohl; während (dagegen)
	postquam	m. Ind.	nachdem, als
	posteaquam	m. Ind.	nachdem

solange	**dum**	m. Ind.	während, solange, (solange) bis
	quamdiu		wie lange; solange

inicere	iniciō, iniēcī, iniectum	1 hineinwerfen 2 anlegen, anziehen 3 einflößen	*Injektion*
lacrimāre	lacrimō	beweinen, weinen	
mentiō	mentiōnis *f*	Erwähnung	
mortuus	a, um	tot	*f. mort, i. morto,* *s. muerto*
noctū	*Adv.*	nachts	*e. at night, f. (pendant)* *la nuit, i. di/la notte,* *s. de noche*
obviam	*Adv.*	entgegen	
ōrdīrī	ōrdior, ōrsus sum	beginnen	
partim	*Adv.*	teils	*partiell, e. partly,* *f. partiellement,* *i. parzialmente,* *s. parcialmente*
posteāquam	*Subj. m. Ind.*	nachdem	
prōdesse	prōsum, prōfuī	nützen	*Pros(i)t*
prōdīre	prōdeō, prōdiī, prōditum	auftreten, vorrücken	
prūdentia		Klugheit, Kenntnisse	*e./f. prudence,* *i. prudenza, s. prudencia*
quamdiū	*Subj.*	1 wie lange 2 solange	
repentīnus	a, um	plötzlich, unerwartet	*i./s. repentino*
reus		Angeklagter	*i./s. reus*
saltus	saltūs *m*	(Wald-)Tal, Gebirge, Pass	
sepulcrum		Grab, Grabmal	*Sepulkralarchitektur,* *e. sepulchre, f. sépulcre,* *i. sepolcro, s. sepulcro*
serpēns	serpentis *m/f*	Schlange	*Serpentine*

societatem cum rege … **facere** ad Graeciam opprimendam	mit dem König … ein Bündnis schließen, um Griechenland niederzuwerfen
venenum **sumere**	Gift nehmen

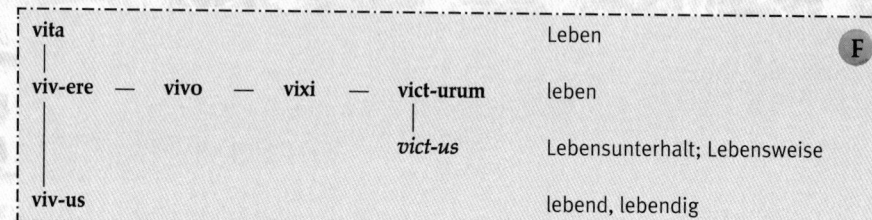

vita				Leben
viv-ere	vivo	vixi	vict-urum	leben
			vict-us	Lebensunterhalt; Lebensweise
viv-us				lebend, lebendig

F

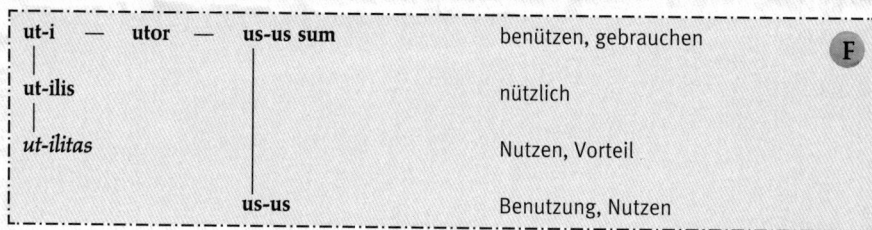

ut-i	utor	us-us sum	benützen, gebrauchen
ut-ilis			nützlich
ut-ilitas			Nutzen, Vorteil
		us-us	Benutzung, Nutzen

F

statua

B

stare	sto	steti	stat-urum	stehen
			stat-u-ere	aufstellen, beschließen, festsetzen
			stat-u-a	Standbild, Statue

F

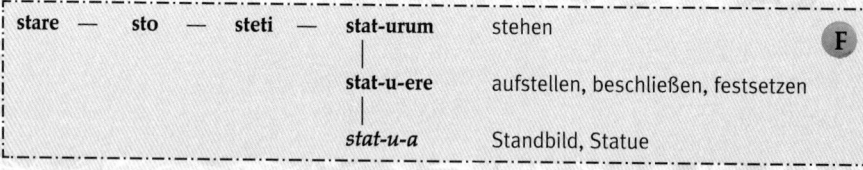

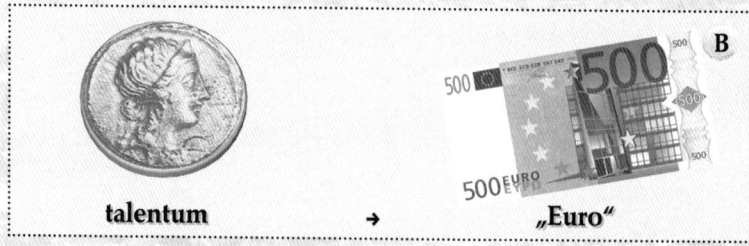

talentum → „Euro"

B

societās	societātis f	Bündnis, Gemeinschaft		*Sozietät, e. society,* *f. société, i. società,* *s. sociedad*
statua		Standbild, Statue		*e./f. statue, i. statua,* *s. estatua*
talentum		Talent *(Geldsumme)*		*talentiert, e./f. talent*
trecentī	ae, a	dreihundert		*f. trois cents, i. trecento,* *s. trescientos*
ūtilitās	ūtilitātis f	Nutzen, Vorteil		*Utilitarismus, e. utility,* *f. utilité*
venēnum		(giftiger) Saft, Gift		*i. veleno, s. veneno*
vīctus	vīctūs m	1 Lebensunterhalt 2 Lebensweise		*Viktualienmarkt*

Plinius d. J.

admiratio

contemptus

Amicum aeris alieni *admoneo*.	Ich erinnere den Freund an seine Schulden.
Manum amici *amplector*.	Ich ergreife die Hand des Freundes.

Currum *ascendo*.	Ich steige in den Wagen ein.
Navem *ascendo*.	Ich besteige das Schiff.
Locum *ascendi,* ex quo oppidum illud maxime conspici poterat.	Ich stieg zu einem Ort hinauf, von dem aus man jene Stadt besonders gut sehen konnte.

mir-ari	bewundern, sich wundern	**F**
mir-us	erstaunlich; wunderbar	
ad-mir-atio	Bewunderung, Staunen; (großes) Interesse (an)	

villa **B**

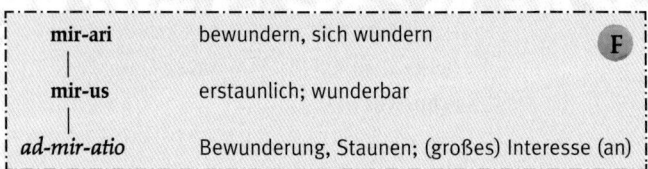

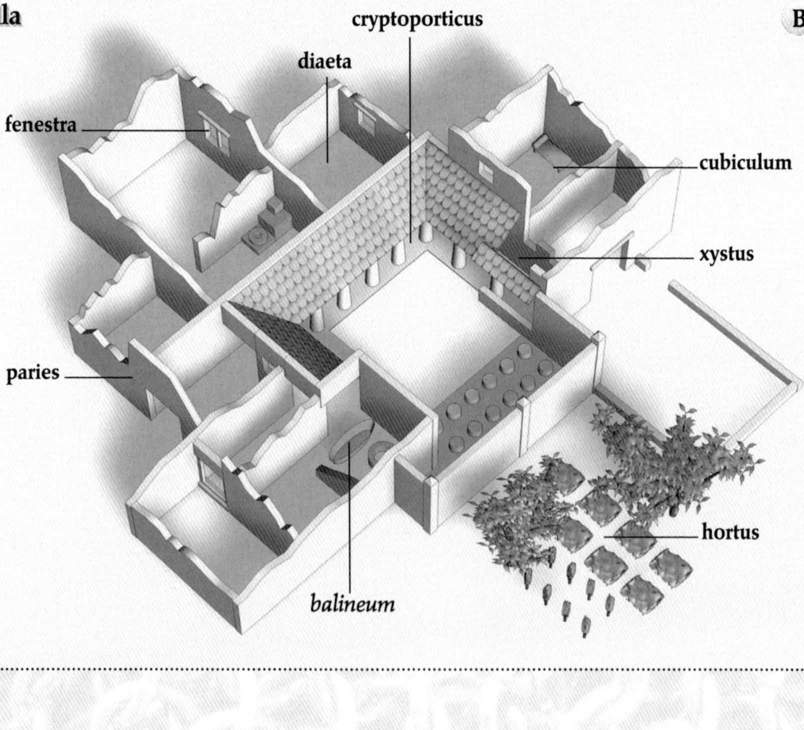

cryptoporticus

diaeta

fenestra

cubiculum

paries

xystus

hortus

balineum

admīrātiō	admīrātiōnis *f* (*m. Gen.*)	1 Bewunderung, Staunen 2 (großes) Interesse (an)	*e./f. admiration, i. ammirazione, s. admiración*
admonēre	admoneō (*m. Gen.*)	1 auffordern, ermahnen 2 erinnern (an)	*e. to admonish, i. ammonire*
affirmāre	affirmō	behaupten, bestätigen	*e. to affirm, f. affirmer, i. affermare, s. afirmar*
ambulāre	ambulō	herumgehen, spazieren gehen	*ambulant*
amplectī	amplector, amplexus sum	1 umarmen, ergreifen 2 befürworten	
amplitūdō	amplitūdinis *f*	Größe, Umfang	*Amplitude*
annotāre	annotō	bemerken, notieren, Notizen machen	
appārēre	appāreō	erscheinen, sich zeigen	*e. to appear, f. apparaître, i. apparire, s. aparecer*
appāret	appāruit (*m. AcI*)	es ist offenkundig (dass)	
ārdēns	ārdentis	brennend, leidenschaftlich	*e./f. ardent*
ascendere	ascendō, ascendī, ascēnsum (*m. Akk.*)	besteigen, hinaufsteigen (zu)	*Aszendent, e. to ascend, f. ascenseur (Aufzug), i. ascendere, s. ascender*
ātrium		Atrium	
avunculus		Onkel	
balineum		Bad	
brevitās	brevitātis *f*	Kürze	
calidus	a, um	warm	*f. chaud, i. caldo, s. cálido*
cālīgō	cālīginis *f*	1 Finsternis 2 Qualm, Rauch	
concupīscere	concupīscō, concupīvī	heftig begehren	
contemnere	contemnō, contempsī, contemptum	verachten, nicht beachten	*e. to contemn*
contemptus	contemptūs *m*	Verachtung	

PLINIUS D. J.

contrarius

excerpere

contrarius **ventus**	der Gegenwind
in *contrarias* **partes**	in entgegengesetzte Richtungen
effusius **dicere**	zu weit ausholen (in der Rede)

desiderium **amicae**	Sehnsucht nach der Freundin
desiderium **tui**	Sehnsucht nach dir

 D

meri-dies	Mittag, Süden **F**
dies	Tag; Termin
cotti-die	täglich
ho-die	heute
diu	lange (Zeit)

Schriftstellertätigkeit

B

studere
sich (wissenschaftlich) beschäftigen; sich bemühen, streben

cogitare
beabsichtigen, denken

colligere
sammeln

componere
abfassen, ordnen, schlichten; vergleichen

conferre
vergleichen, zusammentragen

excerpere
(Wichtiges) herausschreiben, exzerpieren

annotare
bemerken, notieren, Notizen machen

addere
hinzufügen

adicere
hinzufügen

dictare
diktieren

narrare
erzählen

recitare
vorlesen, vortragen

fundere		(aus)gießen, zerstreuen **F**
ef-fundere effundo effudi **effus-um**		ausgießen
	effus-us	verschwenderisch; weit (ausgedehnt)
in-fundere		hineinschütten
in-fundi		hineinfließen, sich ergießen

contrārius	a, um	entgegengesetzt, gegenüberliegend	*konträr, e. contrary, f. contraire, i./s. contrario*	
cottīdiē	*Adv.*	täglich		
crypto-porticus	– porticūs *f*	Galerie, Halle		
cubiculum		Schlafzimmer, Zimmer		
custōdīre	custōdiō, custōdīvī	bewachen, im Auge behalten	*Küster*	
dēcēdere	dēcēdō, dēcessī, dēcessum	1 weggehen 2 sterben	*e. to decease, f. décéder, i. decedere*	
dēnsus	a, um	dicht	*f. dense*	
dēsīderium	(*m. Gen.*)	Sehnsucht, Verlangen (nach)	*Desiderat, e. desire, f. désir, i. desiderio*	
dēstināre	dēstinō	beschließen, bestimmen, festsetzen	*e. to destine, f. destiner, i. destinare, s. destinar*	
diaeta		Aufenthaltsort, Zimmer	*Diät*	
dictāre	dictō	diktieren		
discrīmen	discrīminis *n*	1 Entscheidung 2 Gefahr 3 Unterschied		
doctus	a, um	gelehrt	*Doktor*	
dubius	a, um	ungewiss, zweifelhaft	*dubios, e. doubious, f. douteux, i. dubbioso, s. dudoso*	
effundere	effundō, effūdī, effūsum	ausgießen		
effūsus	a, um	1 verschwenderisch 2 weit (ausgedehnt)		
ēligere	ēligō, ēlēgī, ēlēctum	auswählen	*Elite, e. to elect, f. élire, i. eleggere, s. elegir*	
excerpere	excerpō, excerpsī, excerptum	(Wichtiges) heraus-schreiben, exzerpieren	*Exzerpt*	

PLINIUS D. J.

exitus
intentus

exitus avunculi mei	das (Lebens-)Ende meines Onkels
res *frigida*	eine uninteressante Sache
tectum *imminens*	ein vorspringendes Dach
periculum *imminens*	eine drohende Gefahr

Tot milia virorum *identidem* currentes equos videre cupiunt.	So viele tausend Männer wollen immer wieder Pferde rennen sehen.

Zeit

hora	Stunde, Zeit
aestas	Sommer
hiems	Winter, Unwetter
senectus	(hohes) Alter, Greisenalter
exitus	Ausgang; (Lebens-)Ende
semel	einmal, das erste Mal
interdum	manchmal
iterum	wiederum
identidem	immer wieder, wiederholt
tunc	damals, dann
nuper	neulich, vor kurzem
mox	bald; dann
interim	inzwischen

wissenschaftlich tätig **B**

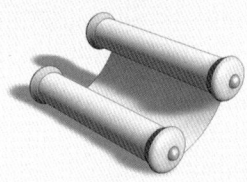

intentus	gespannt, aufmerksam; eifrig beschäftigt
studiosus	eifrig bemüht, wissbegierig
doctus	gelehrt
sapiens	einsichtig, weise

empfinden **G**

gaudere	*favere*	mirari	vereri	concupiscere
sich freuen	Beifall klatschen, gewogen sein	bewundern, sich wundern	fürchten, sich scheuen; verehren	heftig begehren

	dolere	invidere	contemnere
	schmerzen, wehtun; bedauern	nicht gönnen, neidisch sein	verachten, nicht beachten

F

tend-ere	sich anstrengen, spannen, (aus)strecken
os-tend-ere	zeigen, erklären
con-tend-ere	behaupten; eilen; sich anstrengen, kämpfen
con-tentus	zufrieden
in-tentus	gespannt, aufmerksam; eifrig beschäftigt

	exitus	exitūs *m*	1 Ausgang	„EXIT", Exitus, e. exit,
			2 (Lebens-)Ende	i. uscita
	faciēs	faciēī *f*	Anblick, Aussehen, Erscheinungsform	e./f. face, i. faccia, s. faz
	favēre	faveō, fāvī, fautum	Beifall klatschen, gewogen sein	favorisieren, Favorit
	fenestra		Fenster, Öffnung	f. fenêtre, i. finestra
	figūra		1 Form, Gestalt	Figur, e. figure
			2 Redefigur, Stilmittel	
	frīgidus	a, um	1 kalt	frigid(e), e. frigid,
			2 gleichgültig	f. froid, i. freddo, s. frío
	hortus		Garten	Hort, i. orto
	hūmānitās	hūmānitātis *f*	1 Bildung	Humanität, e. humanity,
			2 Menschlichkeit, Menschenfreundlichkeit	f. humanité, i. umanità, s. humanidad (Menschheit)
	identidem	*Adv.*	immer wieder, wiederholt	
	ideō		deshalb	
	imminēre	immineō (m. Dat.)	1 drohen	imminent
			2 herüberragen (über)	
	incidere	incidō, incidī (m. Dat.) (in m. Akk.)	1 fallen (auf etw.)	
			2 treffen (auf jmd./etw.)	
			3 hinzukommen	
	inclūdere	inclūdō, inclūsī, inclūsum	einschließen	inklusive, e. to include, f. inclure, i. includere
	incohāre	incohō	beginnen	verba incohativa
	īnfundere	īnfundō, īnfūdī, īnfūsum	hineinschütten	Infusion
	īnfundī	īnfundor (in m. Akk.)	hineinfließen (in), sich ergießen (über)	
	intentus	a, um (m. Dat./Abl.)	1 gespannt, aufmerksam	Intention
			2 eifrig beschäftigt (mit)	

PLINIUS D. J.

interdum

recedere

lavari	sich waschen, baden
ante *meridiem*	vormittags
post *meridiem*	nachmittags

Tu tamen quam frequentissime scribe,
licet **hoc ita me delectet ut torqueat.**

Schreib mir doch möglichst oft,
auch wenn mich dies ebenso freut wie quält.

sich äußern   S

suadere	empfehlen, raten
admonere	auffordern, ermahnen; erinnern
hortari	auffordern, ermahnen
praecipere	(be)lehren, vorschreiben
addere	hinzufügen
adicere	hinzufügen
recitare	vorlesen, vortragen
affirmare	behaupten, bestätigen
pronuntiare	bekanntgeben, vortragen
mirari	bewundern, sich wundern

videre	video	vidi		visum	sehen, darauf achten **K**
videri	videor	visus sum			scheinen, gelten als
providere	provideo	providi		provisum	vorhersehen; sorgen für; dafür sorgen
invidere	invideo	invidi		invisum	nicht gönnen, neidisch sein

Freizeit   B

otium	freie Zeit, Ruhe (von berufl. Tätigkeit); Frieden
somnus	Schlaf
cena	Mahlzeit, Essen
otiosus	frei von Pflichten, überflüssig
ambulare	herumgehen, spazieren gehen
quiescere	(aus)ruhen, schlafen

interdum	*Adv.*	manchmal	
invidēre	invideō, invīdī, invīsum (*m. Dat.*)	nicht gönnen, neidisch sein (auf jmd./wegen etw.)	*e. to envy, f. envier, i. invidiare, s. envidiar*
lavāre	lavō, lāvī, lautum (lōtum)	baden, waschen	*f. laver, i. lavare, s. lavar, e. lavatory*
licet	*Subj. m. Konj.*	auch wenn; mag es auch sein, dass	*Lizenz*
longinquus	a, um	lang *(zeitlich)*, weit entfernt	
merīdiēs	merīdiēī *m*	Mittag, Süden	*Meridian*
necessitās	necessitātis *f*	1 Notlage, Notwendigkeit 2 *Pl.* Ausgaben, Bedürfnisse	*Necessaire*
nūbēs	nūbis *f*	Wolke	
ōrātor	ōrātōris *m*	Redner	*e. orator, f. orateur, i. oratore, s.orador*
ōtiōsus	a, um	frei von Pflichten, überflüssig	
pariēs	parietis *m*	Wand	
peragere	peragō, perēgī, perāctum	durchführen, vollenden	
perītus	a, um (*m. Gen.*)	erfahren (in), sachkundig	
persevērāre	persevērō (*m. Inf.*)	1 andauern 2 standhaft bleiben 3 weiterhin etw. tun	
pondus	ponderis *n*	Gewicht	*Pfund, e. pound*
praeceptor	praeceptōris *m*	Lehrer	
prōnūntiāre	prōnūntiō	bekanntgeben, vortragen	*e. to pronounce*
pūmex	pūmicis *m*	Bimsstein, durchlöchertes Gestein	
pūnīre	pūniō, pūnīvī	bestrafen	*e. punish, i. punire*
recēdere	recēdō, recessī, recessum	sich entfernen, zurücktreten	*Rezession*

PLINIUS D. J.

sapiens

xystus

semel atque iterum	immer wieder
simpliciter confiteri	offen (ein)gestehen
tremor terrae	Erdbeben

stato die	an einem festgesetzten Tag
status liberarum civitatum	die Verfassung freier Gemeinden
summa culpae	die Gesamtheit der Schuld
in *summa* dicere	zusammenfassend sagen
rem totam in *suspenso* relinquere	die ganze Sache unentschieden lassen
suspensam noctem spe ac metu exigere	in Hoffnung und Furcht eine ungewisse Nacht verbringen

Naturkatastrophe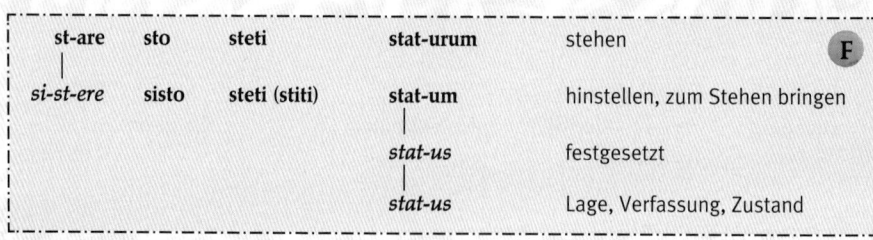

N

tremor	caligo	nubes	pumex	cinis
Zittern	Finsternis; Qualm, Rauch	Wolke	Bimsstein, durchlöchertes Gestein	Asche

effundere	imminere	incidere	includere	infundere
ausgießen	drohen; herüberragen	fallen; treffen; hinzukommen	einschließen	hineinschütten

infundi	frangere	perdere		
hineinfließen, sich ergießen	zerbrechen	verlieren, verschwenden, zugrunde richten		

st-are	sto	steti	stat-urum	stehen	**F**
si-st-ere	sisto	steti (stiti)	stat-um	hinstellen, zum Stehen bringen	
			stat-us	festgesetzt	
			stat-us	Lage, Verfassung, Zustand	

sapiēns	sapientis	einsichtig, weise	*Homo sapiens, e./f. sage*
semel	*Adv.*	einmal, das erste Mal	
senectūs	senectūtis *f*	(hohes) Alter, Greisenalter	
servulus		junger Sklave	
simplex	simplicis	1 einfach 2 offen, ehrlich	*simpel, Simplizität, e./f./s. simple, i. semplice*
sistere	sistō, stetī (stitī), statum	hinstellen, zum Stehen bringen	*assistieren*
status	a, um	festgesetzt	
status	statūs *m*	Lage, Verfassung, Zustand	*Staat, Stativ, e. state, f. état, i. stato*
studiōsus	a, um (*m. Gen.*)	eifrig bemüht (um etw.), wissbegierig	*e. studious, f. studieux, i. studioso, s. estudioso*
suādēre	suādeō, suāsī, suāsum	empfehlen, raten	
subitō	*Adv.*	plötzlich; kurz und gut	*i. subito, s. súbito*
subitus	a, um	plötzlich, unerwartet	*f. subit*
summa		1 Ergebnis 2 Gesamtheit, Hauptsache 3 Summe	
suspendere	suspendō, suspendī, suspēnsum	aufhängen, emporheben	*suspendieren*
suspēnsus	a, um	schwebend, ungewiss	
tormentum		1 Geschütz *(Wurfmaschine)* 2 Folter, Qual	
tremor	tremōris *m*	Zittern	*Tremolo*
valētūdō	valētūdinis *f*	Gesundheitszustand, Gesundheit, Krankheit	
vōtum		Gebet, Gelübde, Wunsch	*Votum, Votivtafel, e./f. vote, i./s. voto*
xystus		Terrasse, (überdachter) Säulengang	

SALLUST

adipisci
consultare

victoriam *adipisci*	den Sieg erringen
gloriam *adipisci*	Ruhm erringen
aes alienum *conflare*	Schulden anhäufen
invidiam *conflare*	Neid entfachen

ab *adulescentia*	von Jugend an
certamen gloriae	Wettstreit um Ruhm
pro patria certare	für das Vaterland kämpfen
bellum *civile*	Bürgerkrieg
consulatum petere	sich um das Konsulat bewerben
rei publicae *consultare*	für den Staat sorgen

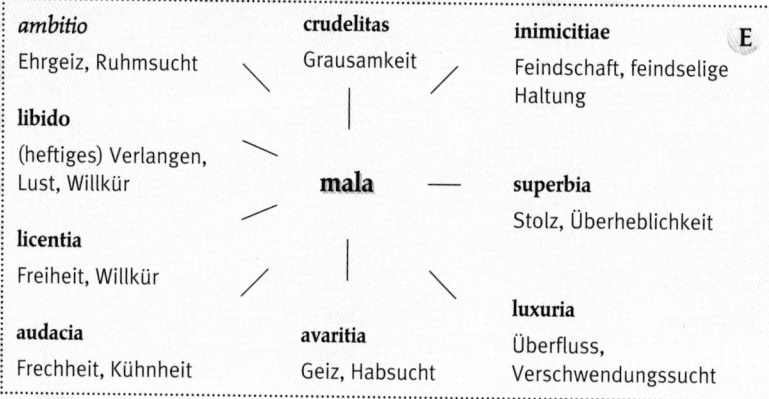

ambitio
Ehrgeiz, Ruhmsucht

libido
(heftiges) Verlangen,
Lust, Willkür

licentia
Freiheit, Willkür

audacia
Frechheit, Kühnheit

crudelitas
Grausamkeit

mala

avaritia
Geiz, Habsucht

inimicitiae **E**
Feindschaft, feindselige
Haltung

superbia
Stolz, Überheblichkeit

luxuria
Überfluss,
Verschwendungssucht

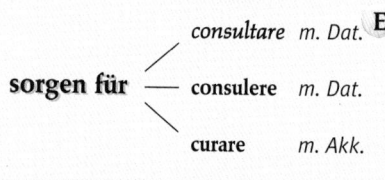

sorgen für

consultare *m. Dat.* **E**

consulere *m. Dat.*

curare *m. Akk.*

-men **W**

ag-men	Heereszug
certa-men	Streit, Wettstreit
cri-men	Beschuldigung, Vorwurf, Verbrechen
flu-men	Fluss
no-men	Name

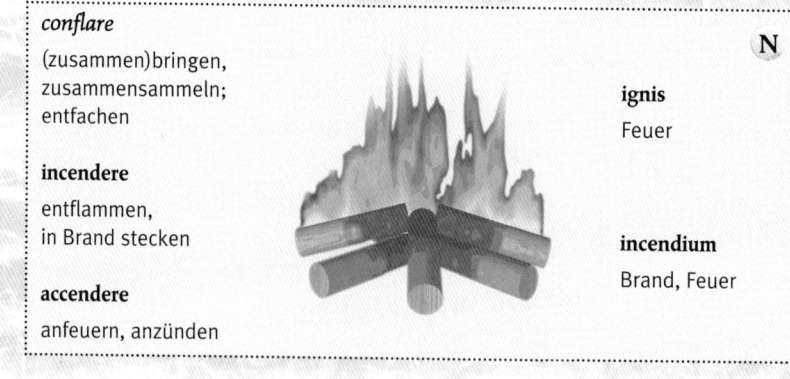

conflare
(zusammen)bringen,
zusammensammeln;
entfachen

incendere
entflammen,
in Brand stecken

accendere
anfeuern, anzünden

ignis
Feuer

incendium
Brand, Feuer

N

adipīscī	adipīscor, adeptus sum	erringen, erreichen	*Adept*
adulēscentia		Jugend(alter)	*Adoleszenz, e./f. adolescence, i. adolescenza*
ambitiō	ambitiōnis *f*	Ehrgeiz, Ruhmsucht	*Ambition, ambitioniert*
certāmen	certāminis *n*	Streit, Wettstreit	*i. certame, s. certamen*
certāre	certō	kämpfen, wetteifern	*Kon-zert*
cīvīlis	e	bürgerlich	*zivil, Zivilisation, e./f./s. civil, i. civile*
clādēs	clādis *f*	Unglück, Niederlage, Unheil	
cliēns	clientis *m*	Abhängiger, Schützling	*Klient, Klientel, e./f. client, i./s. cliente*
cohortārī	cohortor	anfeuern, auffordern, ermutigen	
colōnia		Ansiedlung, Kolonie	*e. colony, f. colonie, i./s. colonia*
condemnāre	condemnō (*m. Gen.*)	verurteilen (wegen etw.)	
cōnflāre	cōnflō	1 (zusammen)bringen, zusammensammeln 2 entfachen	
cōnsīderāre	cōnsīderō	überlegen, genau betrachten	*e. to consider, f. considérer, i. considerare, s. considerar*
cōnsulāris	e *Subst.*	1 konsularisch 2 ehemaliger Konsul	*e./s. consular, f. consulaire, i. consolare*
cōnsulātus	cōnsulātūs *m*	Konsulat	
cōnsultāre	cōnsultō *m. Dat.*	1 beraten 2 sorgen für	*konsultieren, e. to consult, f. consulter*

SALLUST

consultum

factio

honoris *cupido*	das Verlangen (Streben) nach Ehre
senatus *decretum*	ein Senatsbeschluss
consul *designatus*	ein designierter Konsul
reges bello *domare*	Könige durch Krieg untertänig machen
dubias res facile tolerare	Ungewissheit leicht ertragen

E

decus	pudicitia	modestia
Anständigkeit, Ehre	Keuschheit, Anstand	Anstand, Zurückhaltung

misericordia		dignitas
Barmherzigkeit, Mitleid	— **bona** —	Ansehen, Würde; (gesellschaftliche) Stellung

sapientia	nobilitas	otium
Einsicht, Weisheit	Adel, vornehme Abstammung	freie Zeit, Ruhe (von berufl. Tätigkeit); Frieden

Einfluss im Staat

P

regnum	(Königs-)Herrschaft, Reich	rex	König
dominatio	Alleinherrschaft, Herrschaft	princeps	der Erste, der führende Mann
imperium	Befehl, Befehlsgewalt, Herrschaft, Herrschaftsgebiet	imperator	Befehlshaber, Feldherr; Kaiser
		magistratus	Amt; Beamter
potestas	(Amts-)Gewalt, Macht; Möglichkeit	consul	Konsul
		praetor	Prätor
potentia	Macht	senator	Senator
auctoritas	Ansehen, Einfluss, Macht		
		designatus	designiert (gewählt, aber noch nicht amtierend)
		consularis	konsularisch; ehemaliger Konsul

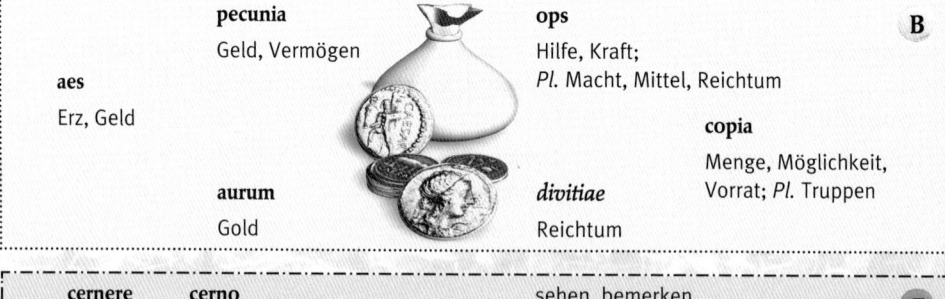

B

	pecunia	ops
	Geld, Vermögen	Hilfe, Kraft; *Pl.* Macht, Mittel, Reichtum
aes		
Erz, Geld		copia
		Menge, Möglichkeit, Vorrat; *Pl.* Truppen
	aurum	*divitiae*
	Gold	Reichtum

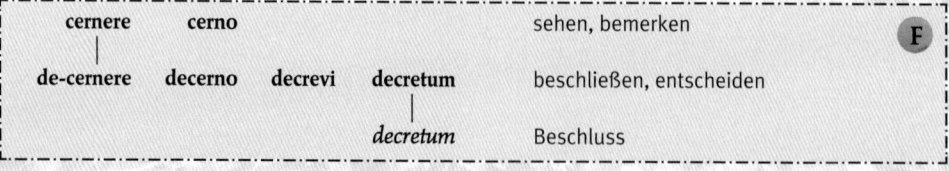

F

cernere	cerno			sehen, bemerken
de-cernere	decerno	decrevi	decretum	beschließen, entscheiden
			decretum	Beschluss

cōnsultum		Beschluss, Überlegung	
crūdēlitās	crūdēlitātis f	Grausamkeit	e. cruelty, f. cruauté, i. crudeltà, s. crueldad
cunctārī	cunctor	zögern	
cupīdō	cupīdinis f (m. Gen.)	Leidenschaft, Verlangen (nach)	
dēcrētum		Beschluss	Dekret, e. decree, f. décret, i./s. decreto
decus	decoris n	Anständigkeit, Ehre	Dekor, dekorieren, f. décor, i./s. decoro
dēpre- hendere	dēprehendō, dēprehendī, deprehēnsum	ergreifen, bemerken, ertappen	
dēsīgnātus	a, um	designiert (gewählt, aber noch nicht amtierend)	
disserere	disserō, disseruī, dissertum (de m. Abl.)	erörtern, sprechen (über)	Dissertation, e. to dissert
dissimulāre	dissimulō	verheimlichen, verleugnen	e. to dissimulate, f. dissimuler
dīvitiae	dīvitiārum Pl.	Reichtum	
domāre	domō, domuī, domitum	bezwingen, untertänig machen	Dompteur, f. dompter
dominātiō	dominātiōnis f	Alleinherrschaft, Herrschaft	Dominat, e./f. domination, i. dominazione, s. dominación
dubius	a, um	zweifelhaft, ungewiss	dubios, e. doubious, f. douteux, i. dubbioso
egestās	egestātis f (m. Gen.)	1 Armut 2 Mangel (an etw.)	
faciēs	faciēī f	Anblick, Aussehen, Erscheinungsform	e./f. face, i. faccia, s. faz
factiō	factiōnis f	Interessengemeinschaft, Partei	

SALLUST

ferox

merito

spoliandi *gratiā*	um zu plündern
incepta probare	die Vorhaben für gut befinden

rei publicae *iuxta* ac sibi consulere	für den Staat ebenso sorgen wie für sich
vitam mortemque *iuxta* aestimare	Leben und Tod gleich bewerten

Huic homini audacia *inest*.	Dieser Mensch ist frech.
Vis morbi homines *invaserat*.	Eine Krankheit hatte die Menschen befallen.
Pecuniae *liberalis* est.	Er (Sie) geht großzügig mit Geld um.

amic-us	Freund, politischer Anhänger	↔ in-imic-us	feindlich; Feind
amic-itia	Freundschaft	in-imic-itiae	Feindschaft, feindselige Haltung

F

malus

E

ferox	*foedus*	scelestus
trotzig, wild	grässlich, schändlich	frevelhaft, verbrecherisch
asper	crudelis	diversus
rau; streng	grausam	entgegengesetzt, feindlich; verschieden

Kalendae Ianuariae

B

videre	video	vidi	visum	sehen, darauf achten
invidere	invideo	invidi	invisum	nicht gönnen, neidisch sein
providere	provideo	providi	provisum	vorhersehen; sorgen für, dafür sorgen (dass)

K

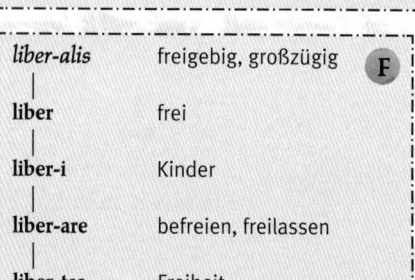

liber-alis	freigebig, großzügig **F**
liber	frei
liber-i	Kinder
liber-are	befreien, freilassen
liber-tas	Freiheit

Adverb auf -o

W

merit-o	mit Recht, verdientermaßen
postrem-o	kurz (gesagt); schließlich
prim-o	zuerst
profect-o	sicherlich, tatsächlich
cert-o	gewiss, sicherlich

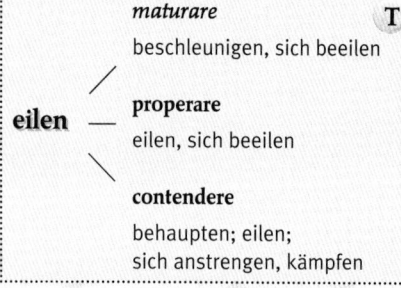

eilen —

maturare **T**
beschleunigen, sich beeilen

properare
eilen, sich beeilen

contendere
behaupten; eilen; sich anstrengen, kämpfen

81

ferōx	ferōcis	trotzig, wild	*e. ferocious, f. féroce, i. feroce, s. feroz*
foedus	a, um	grässlich, schändlich	
gratiā	*(nachgestellt) m. Gen.*	wegen	*f. grâce à, i. grazie a, s. gracias a*
hūiusmodī		(von) dieser Art	
inceptum		Beginn, Vorhaben	
incertus	a, um	ungewiss, unsicher	*e. uncertain, f. incertain, i. incerto, s. incierto*
īnesse	īnsum, īnfuī	darin sein	
inimīcitiae	inimīcitiārum *Pl.*	Feindschaft, feindselige Haltung	*e. enmity, f. inimitié, i. inimicizia, s. enemistad*
intentus	a, um *(m. Dat./Abl.)*	1 angespannt, aufmerksam 2 eifrig beschäftigt (mit etw.)	*Intention*
interdum	*Adv.*	manchmal	
invādere	invādō, invāsī, invāsum *(m. Akk.)*	1 eindringen, sich verbreiten 2 befallen	*Invasion, e. to invade, f. envahir, i. invadere, s. invadir*
invidēre	invideō, invīdī, invīsum *(m. Dat.)*	nicht gönnen, neidisch sein (auf jmd./wegen etw.)	*e. to envy, f. envier, i. invidiare, s. envidiar*
iūxtā	*Adv.*	ebenso, gleichermaßen	
Kalendae	Kalendārum *Pl.*	der erste Tag (e. Monats)	*Kalender*
līberālis	e *(m. Gen.)*	freigebig, großzügig (mit)	*liberal, e./s. liberal, f. libéral, i. liberale*
luxuria		Überfluss, Verschwendungssucht	*Luxus, luxuriös, e. luxury, f. luxure/luxe*
māgnificus	a, um	großartig, prächtig	*e. magnificent, f. magnifique, i. magnifico*
mātūrāre	mātūrō	beschleunigen, sich beeilen	*Matura*
meritō	*Adv.*	mit Recht, verdientermaßen	*Meriten, emeritiert*

domi *militia*eque	in Krieg und Frieden
clientes sibi *obnoxios* facere	Schützlinge von sich abhängig machen
coniurationem *patefacere*	die Verschwörung aufdecken

parvi *pendere*	geringschätzen
militem ex virtute *pendere*	einen Soldaten nach seiner Tapferkeit beurteilen
pecuniam *pendere*	bezahlen

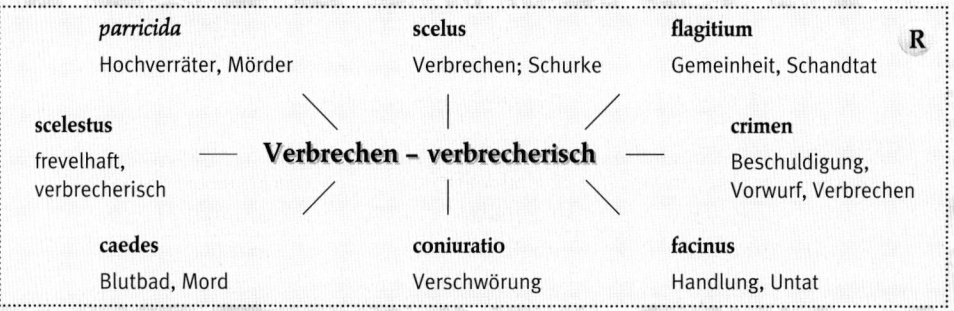

| **Superbia nobis *obstat,* ne alios imitemur.** | Unser Stolz hindert uns daran, andere nachzuahmen. |

R

| *parricida* | scelus | flagitium |
| Hochverräter, Mörder | Verbrechen; Schurke | Gemeinheit, Schandtat |

| scelestus | | crimen |
| frevelhaft, verbrecherisch | | Beschuldigung, Vorwurf, Verbrechen |

— **Verbrechen – verbrecherisch** —

| caedes | coniuratio | facinus |
| Blutbad, Mord | Verschwörung | Handlung, Untat |

pendere

pendere

| *privatim* ←→ | **publice** |
| im privaten Bereich, als Privatperson | öffentlich, staatlich |

ob- **W**

ob-stare	im Weg stehen, hinderlich sein
op-primere	bedrohen, niederwerfen, unterdrücken
oc-cupare	besetzen, einnehmen

gut – tüchtig **E**

| *promptus* | liberalis |
| (zum Einsatz) bereit | freigebig, großzügig |

| intentus | honestus |
| angespannt, aufmerksam; eifrig beschäftigt | angesehen, ehrenhaft |

| strenuus | bonus |
| entschlossen, tüchtig; wirksam | gut |

| fortis | egregius |
| kräftig, tapfer | ausgezeichnet, hervorragend |

| rectus | certus |
| gerade, recht, richtig | sicher |

mīlitia		Kriegsdienst	*Miliz, f. milice, i. milizia*
miserērī	misereor, miseritus sum (*m. Gen.*)	Mitleid haben (mit), sich erbarmen	*„Misereor"*
miseria		Not, Unglück	*e. misery, f. misère, i./s. miseria*
misericordia		Barmherzigkeit, Mitleid	*f. miséricorde, i./s. misericordia*
modestia		Anstand, Zurückhaltung	*e. modesty, f. modestie, i./s. modestia*
necessitūdō	necessitūdinis *f*	1 Not; Notwendigkeit 2 *Pl.* die Verwandten	*Necessaire*
nēquīquam	*Adv.*	erfolglos, vergeblich	
nequīre	nequeō, nequī(v)ī	nicht können	
obnoxius	a, um (*m. Dat.*)	1 abhängig (von jmd.) 2 unterwürfig	
obstāre	obstō, obstitī, obstātūrum (*m. Dat.*)	im Weg stehen, hinderlich sein	
parricīda	*m*	Hochverräter, Mörder	
patefacere	patefaciō, patefēcī, patefactum	aufdecken, öffnen	
pendere	pendō, pependī, pēnsum	1 beurteilen 2 überlegen 3 bezahlen	*Pensum, f. peser, i. pesare, s. pesar*
prīvātim	*Adv.*	im privaten Bereich, als Privatperson	*privat*
prōmptus	a, um	(zum Einsatz) bereit	*prompt, f. prompt*
pudīcitia		Keuschheit, Anstand	
quiētus	a, um	ruhig, untätig	*quitt, e. quiet*
sapientia		Einsicht, Weisheit	*f. sagesse, i. sapienza, s. sabiduria*

SALLUST

scelestus

vigilare

Nostra omnis vis in animo et corpore *sita* est.
Ambitio multos mortales falsos fieri *subegit*.

Unsere ganze Kraft liegt im Geist und im Körper.
Ruhmsucht zwang viele Menschen, falsch zu werden.

rem publicam *tractare*
(ab) odio *vacuus*

den Staat lenken
frei von Hass

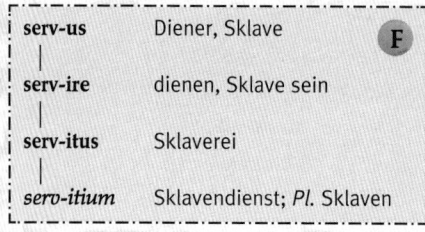

serv-us	Diener, Sklave	**F**
serv-ire	dienen, Sklave sein	
serv-itus	Sklaverei	
serv-itium	Sklavendienst; *Pl.* Sklaven	

tim-ere	Angst haben, fürchten	**F**
tim-or	Angst, Furcht	
tim-idus	ängstlich	

trans- **W**

tra-dere	übergeben, überliefern
trans-ferre	hinübertragen, übertragen
trans-ire	durchqueren, hinübergehen, überschreiten

-licet **W**

sci-licet	freilich, natürlich, selbstverständlich
vide-licet	natürlich, offensichtlich

E

corrumpere
bestechen, verderben

vexare
quälen, misshandeln, schädigen

exercere
üben, trainieren, quälen

incendere
entflammen, in Brand stecken

domare
bezwingen, untertänig machen

invadere
eindringen, sich verbreiten; befallen

schlecht behandeln

subigere
unterwerfen, (be)zwingen

necare
töten

opprimere
bedrohen, niederwerfen, unterdrücken

sollicitare
aufhetzen, beunruhigen, erregen

rapere
wegführen, rauben, wegreißen

plenus

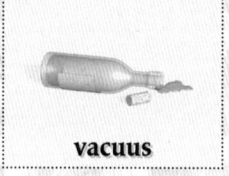

vacuus

scelestus	a, um	frevelhaft, verbrecherisch	
senātor	senātōris *m*	Senator	
servitium		1 Sklavendienst	*Service*
		2 Pl. die Sklaven	
situs	a, um	gelegen, liegend *(bei Ortsangaben)*	*Situation, e./f. situation, i. situazione, s. situación*
societās	societātis *f*	Bündnis, Gemeinschaft	*Sozietät, e. society, f. société, i. società, s. sociedad*
strēnuus	a, um	1 entschlossen, tüchtig 2 wirksam	*e. strenuous, i. strènuo*
subigere	subigō, subēgī, subāctum	unterwerfen, (be)zwingen	
timidus	a, um	ängstlich	*e. timid, f. timide, i. timido, s. tímido*
tolerāre	tolerō	aushalten, ertragen	*tolerieren, Toleranz, e. to tolerate, f. tolérer, i. tollerare, s. tolerar*
tractāre	tractō	behandeln, handhaben	*traktieren, Traktat, e. to treat, f. traiter, i. trattare, s. tratar*
trānsferre	trānsferō, trānstulī, trānslātum	hinübertragen, übertragen	*Transfer, e. to transfer, to translate (übersetzen), f. transférer, i. transferire*
tumultus	tumultūs *m*	Aufruhr, Lärm, Unruhe	*Tumult, e. tumult, f. tumulte, i./s. tumulto*
urbānus	a, um	Stadt-, städtisch	*urban, Urbanisierung*
vacuus	a, um (*m. Abl.*)	frei (von), leer	*Vakuum, Vakanz, e./f. vacant, i./s. vacante*
vexāre	vexō	quälen, misshandeln, schädigen	*e. to vex, f. vexer, i. vessare, s. vejar*
vidēlicet	*Adv.*	natürlich, offensichtlich	
vigilāre	vigilō	unermüdlich tätig sein, wachsam sein, wachen	*f. veiller, i. vigilare/ vegliare, s. vigilar*

CATULL

amica

formosus

puella *candida*	ein schönes Mädchen
soles *candidi*	glänzende Sonnen(tage)
dentes *candidi*	strahlend weiße Zähne
crimen *explicare*	ein Verbrechen aufklären

Di tibi *favent.*	Die Götter sind dir günstig gestimmt.
	(Die Götter bevorzugen dich.)
Cui *faveam* **potius?**	Wen soll ich bevorzugen?

Schönheitsideal

digiti **longi**
lange Finger

lingua *elegans*
eine gewandte Sprache

pes *bellus*
ein schöner Fuß

os siccum
ein trockener Mund

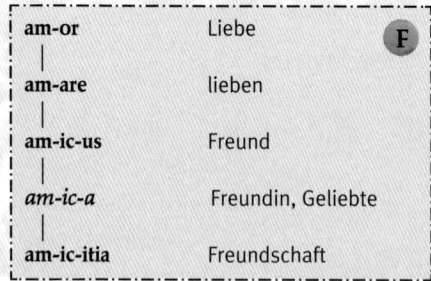

amica	*deliciae* **G**
Freundin, Geliebte	Liebling; Vergnügen

Kosewörter

puella	*desiderium*
Mädchen, Freundin	Geliebte; Sehnsucht

am-or	Liebe	**F**
am-are	lieben	
am-ic-us	Freund	
am-ic-a	Freundin, Geliebte	
am-ic-itia	Freundschaft	

amīca		Freundin, Geliebte	*f. amie, i. amica,*
			s. amiga
amnis	amnis *m*	Fluss, Strom	
āridus	a, um	trocken	
artus	artūs *m*	Glied	*Artikel*
bāsium		Kuss	*f. baiser*
bellus	a, um	fein, schön	*f. bel, i. bello*
candidus	a, um	glänzend, schön	*Kandidat*
cinaedus	a, um	1 schamlos, verhurt	
	Subst.	2 Lüstling	
dēliciae	dēliciārum *Pl.*	Liebling; Vergnügen	*delikat, Delikatesse*
dēns	dentis *m*	Zahn	*Dentist, „Dentagard",*
			f. dent, i. dente,
			s. diente
dēsīderium		Geliebte; Sehnsucht	*Desiderat, e. desire,*
			f. désir, i. desiderio,
			s. deseo
digitus		Finger	*digital*
doctus	a, um	gebildet	*Doktor*
domina		Herrin	*e. madam, f. dame,*
			madame, i. donna,
			s. duena, dona
ēlegāns	ēlegantis	fein, gewandt	*elegant*
explicāre	explicō	(er)klären	*explizit, e. to explicate,*
			f. expliquer, s. explicar
favēre	faveō, fāvī *m. Dat.*	bevorzugen,	*favorisieren, Favorit*
		günstig gestimmt sein	
flētus	flētūs *m*	Weinen	
foedus	foederis *n*	(Treue-)Bund, Verbindung	*Föderalismus,*
			Föderation, föderal
fōrmōsus	a, um	schön	

CATULL

frigus

sacrare

---

cum passere *ludere*	mit dem Spatz spielen
numero *ludere*	mit dem Versmaß spielen
Somnus *ocellos* **tegit.**	Schlaf bedeckt die Augen.
Sirmio, insularum *ocelle*!	Sirmio, Juwel der Inseln!

Ende einer Beziehung G

linquere	verlassen, zurücklassen
oblivisci	vergessen
tacere	schweigen, verschweigen
misellus	arm, bedauernswert
perditus	verloren, verzweifelt
molestus	schwer zu ertragen
fletus	Weinen

sich freuen G

gaudere	sich freuen
renidere	grinsen
ridere	lachen, auslachen

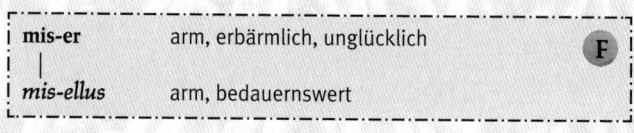

mis-er	arm, erbärmlich, unglücklich F
mis-ellus	arm, bedauernswert

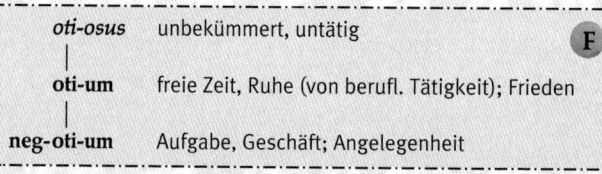

oti-osus	unbekümmert, untätig F
oti-um	freie Zeit, Ruhe (von berufl. Tätigkeit); Frieden
neg-oti-um	Aufgabe, Geschäft; Angelegenheit

N

passer

frīgus	frīgoris *n*	Frost, Kälte	*f. froid, i. freddo, s. frío*
gener	generī *m*	Schwager, Schwiegersohn	*Generation*
identidem	*Adv.*	immer wieder	
incohāre	incohō	anfangen	*verba incohativa*
ineptus	a, um	albern, dumm	
lepidus	a, um	geistreich, nett	
linquere	linquō, līquī	verlassen, zurücklassen	
lūdere	lūdō, lūsī, lūsum	spielen	*Prä-ludium*
misellus	a, um	arm, bedauernswert	
molestus	a, um	langweilig, schwer (zu ertragen)	
mūtuus	a, um	gegenseitig	
nēquīquam	*Adv.*	vergeblich	
nōnus	a, um	neunter	*November, i. nono, s. no(ve)no*
oblīvīscī	oblīvīscor, oblītus sum *m. Gen.*	vergessen	*f. oublier, i. obliare, s. olvidar*
ocellus		Auge	*Okular*
ōtiōsus	a, um	unbekümmert, untätig	
passer	passeris *m*	Spatz	
penitus	*Adv.*	tief hinein, völlig	*penetrant*
perditus	a, um	verloren, verzweifelt	
poēta	*m*	Dichter	*Poet, Poesie, poetisch, e. poet, f. poète, i./s. poeta*
pūmex	pūmicis *m*	Bimsstein	
quot	*interrogativ* *relativ*	1 wie viele 2 so viele wie	
renīdēre	renīdeō	grinsen	
rūsticus	a, um	ländlich, plump	*rustikal*
sacrāre	sacrō	weihen	*sakral, Sakrament*

schön – gewandt

bellus	**candidus**	**formosus**	**pulcher**
fein, schön	glänzend, schön	schön	schön

elegans	*urbanus*	*venustus*	**lepidus**
fein, gewandt	fein, städtisch; Römer	fein, schön	geistreich, nett

Liebe – lieben – lieb

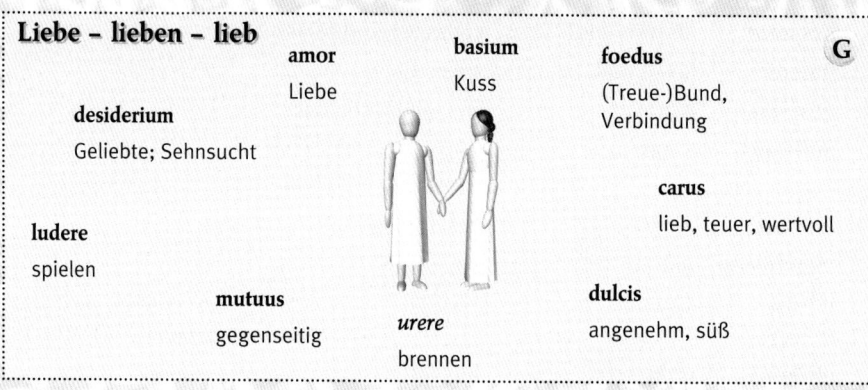

desiderium
Geliebte; Sehnsucht

amor
Liebe

basium
Kuss

foedus **G**
(Treue-)Bund, Verbindung

carus
lieb, teuer, wertvoll

ludere
spielen

mutuus
gegenseitig

urere
brennen

dulcis
angenehm, süß

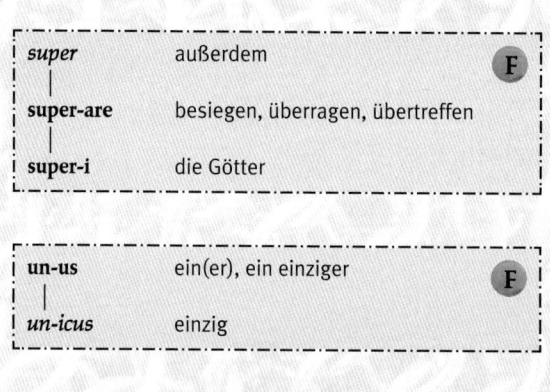

super	außerdem	**F**
super-are	besiegen, überragen, übertreffen	
super-i	die Götter	

un-us	ein(er), ein einziger	**F**
un-icus	einzig	

Dichtung **B**

versus	Vers
poeta	Dichter
lepidus	geistreich, nett
doctus	gebildet
elegans	fein, gewandt

salvē		ich grüße dich	*f. salut*
sānus	a, um	gesund, vernünftig	*sanitär, f. sain, i./s. sano*
sepulcrum		Grab	*Sepulkralarchitektur, e. sepulchre, f. sépulcre, i. sepolcro, s. sepulcro*
sevērus	a, um	streng	*e. severe, f. sévère, i./s. severo*
siccus	a, um	trocken	*Sekt, f. sec, i. secco*
sodālis	sodālis *m*	Freund	
super	*Adv.*	außerdem	*super, Sopran*
torrēre	torreō, torruī, tostum	ausdörren, verbrennen	*Toast, e. to toast*
trecentī	ae, a	dreihundert	*f. trois cents, i. trecento, s. trescientos*
tussis	tussis *f*	Husten	*„Tussamag"*
ūnicus	a, um	einzig	*Unikum, Unikat*
urbānus	a, um *Subst.*	1 fein, städtisch 2 Römer	*urban, Urbanisierung*
ūrere	ūrō, ussī, ustum	brennen	
venēnum		Gift	*i. veleno, s. veneno*
venustus	a, um	fein, schön	
versus	versūs *m*	Vers	*f. vers, i. verso*

MARTIAL

amica

epigramma

schön

formosus	*bellus*	nitidus
hübsch	hübsch	schön

Dichter – Dichtung – Gedicht B

cantare	recitare
dichten, singen	vorlesen, vortragen

iocus	*epigramma*	carmen
Gedicht, Spaß	Epigramm, Gedicht	Gedicht, Lied

libellus	**theatrum**
kleines Buch, Heft	Theater

lingua	**ars**	**Musa**
Rede, Sprache	Eigenschaft, Fertigkeit, Kunst	Muse

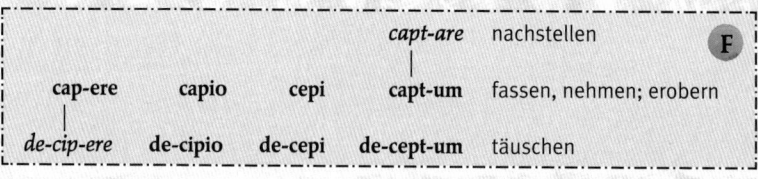

			capt-are	nachstellen	F
cap-ere	capio	cepi	**capt-um**	fassen, nehmen; erobern
de-cip-ere	de-cipio	de-cepi	de-cept-um	täuschen

amīca		Freundin, Geliebte	*f. amie, i. amica*
balneum		Bad	
bāsium		Kuss	*f. baiser*
bellus	a, um	hübsch	*f. bel, i. bello*
brevitās	brevitātis *f*	Kürze	
cantāre	cantō	dichten, singen	*Kantate, Chanson, f. chanter, i. cantare, s. cantar*
capillus		Haar	
captāre	captō (*m. Akk.*)	nachstellen, Jagd machen (auf)	
carpere	carpō, carpsī, carptum	kritisieren	
citō	*Adv.*	schnell	
collis	collis *m*	Hügel	*f. colline, i. colle, collina, s. colina*
coma		Haar	
crās	*Adv.*	morgen	
crūs	crūris *n*	Bein	
dēcipere	dēcipiō, dēcēpī, dēceptum	täuschen	
decus	decoris *n*	Ruhm	*Dekor, dekorieren, f. décor, i./s. decoro*
dēliciae	dēliciārum *Pl.*	Vergnügen	*delikat, Delikatesse*
dēns	dentis *m*	Zahn	*Dentist, „Dentagard", f. dent, i. dente, s. diente*
dīrus	a, um	schrecklich	
epigramma	epigrammatis *n* (*Nom./Akk. Pl.*) epigrammata, (*Gen. Pl.*) epigrammaton	Epigramm, Gedicht	

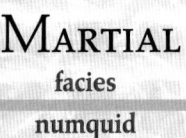

MARTIAL

facies

numquid

vita *frui*	das Leben genießen
pace *frui*	den Frieden genießen

Unterhaltung

deliciae Vergnügen   *iocus* Gedicht, Spaß   *lusus* Spaß, Spiel

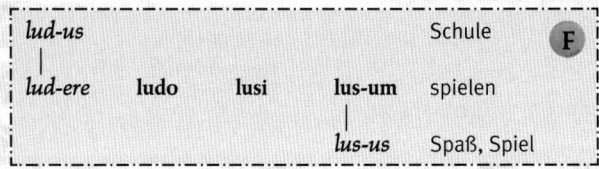

					F
lud-us				Schule	
lud-ere	**ludo**	**lusi**	**lus-um**	spielen	
			lus-us	Spaß, Spiel	

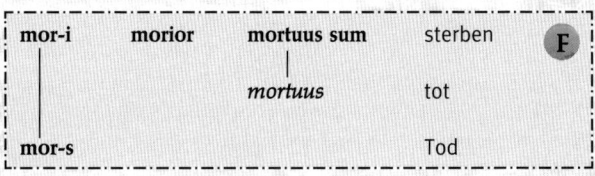

				F
mor-i	**morior**	**mortuus sum**	sterben	
		mortuus	tot	
mor-s			Tod	

Berufe   B

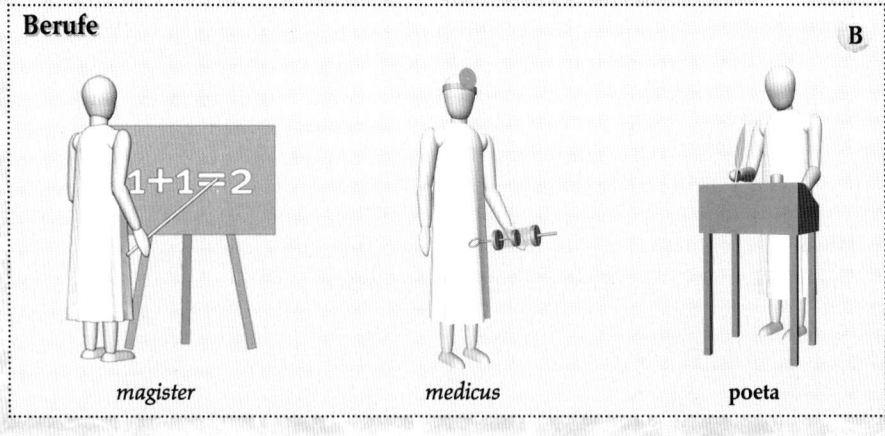

magister   *medicus*   **poeta**

faciēs	faciēī *f*	Gesicht	*e./f. face, i. faccia, s. faz*
focus		Herd	*Fokus, fokussieren, f. feu, i. fuoco, s. fuego*
foedus	a, um	hässlich	
fōrmōsus	a, um	hübsch	
fruī	fruor *m. Abl.*	sich erfreuen an	*i. fruire, s. fruir*
grātīs	*Adv.*	umsonst	*gratis*
hērēs	hērēdis *m*	Erbe	
illinc	*Adv.*	dort	
iocus		Gedicht, Spaß	*e. joke*
lavāre	lavō	baden	*e. lavatory (Toilette), f. laver, i. lavare, s. lavar*
locuplēs	locuplētis	reich	
lūdere	lūdō, lūsī, lūsum	spielen	*Präludium*
lūdus		Schule	
lūsus	lūsūs *m*	Spaß, Spiel	
magister	magistrī *m*	Lehrer	*M.A. (magister artium), e. master*
medicus		Arzt	*Medizin, Medikament, f. médecin, i. medico, s. médico*
mēnsa		Esstisch, Tisch	*Mensa, i. mensa, s. mesa*
meretrīx	meretrīcis *f*	Dirne	
mortuus	a, um	tot	*f. mort, i. morto, s. muerto*
Mūsa		Muse	*Musik, musisch, musikalisch*
niger	nigra, nigrum	schwarz	
nitidus	a, um	schön	
nōnus	a, um	neunter	*November, i. nono, s. no(ve)no*
nummī	nummōrum *Pl.*	Geld	
numquid	*im indir. Fragesatz*	etwa	

MARTIAL

olere

vicinus

Cana est barba tibi, nigra est coma: *Tingere* **barbam non potes – haec causa est – et potes, Ole, comam!**

Einen grauen Bart hast du und schwarz ist dein Haar: Den Bart kannst du nicht färben, das ist der Grund –, aber, Olus, das Haar!

Schule – Lernen   B

| **ludus** | **lusus** | |
| Schule | Spaß, Spiel | |

| **magister** | **puella** | **puer** |
| Lehrer | Mädchen | Junge, Bub |

| | **libellus** | |
| | kleines Buch, Heft | |

| **lingua** | **epigramma** | *versus* |
| Rede, Sprache | Epigramm, Gedicht | Vers |

| **sapere** | *prodesse* | **discere** | **docere** |
| Geschmack haben, Verstand haben | nützen | lernen, erfahren | lehren, unterrichten |

| **recitare** | **cantare** | **carpere** | **ludere** |
| vorlesen, vortragen | dichten, singen | kritisieren | spielen |

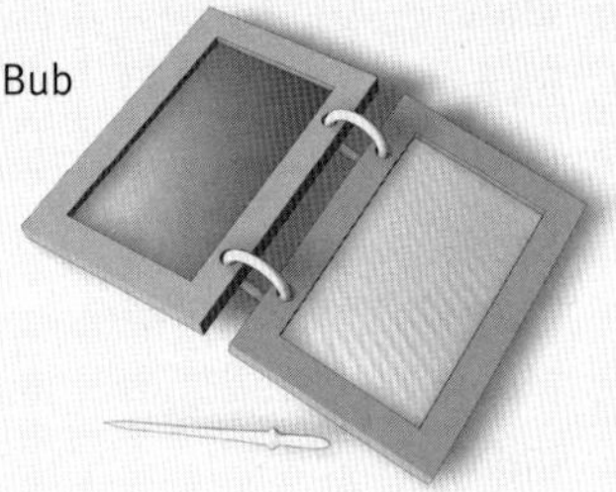

Essen   B

	dens	Zahn		*olere*	riechen
	os	Gesicht, Mund		**cenare**	essen
	mensa	Esstisch, Tisch			

piscis   **frumentum**   *uva*

Wohnen   B

balneum	Bad	**habitare**	bewohnen, wohnen
focus	Herd	**lavare**	baden
mensa	Esstisch, Tisch	**cenare**	essen
torus	(gepolstertes) Lager, Bett		

olēre	oleō	riechen	
pāscere	pāscō, pāvī, pāstum *m. Abl.*	1 füttern, halten 2 sich erfreuen an	*Pastor*
persōna		1 Maske 2 Mensch	*Person, Personal, Personalpronomen, personell*
piscis	piscis *m*	Fisch	*e. fish, f. poisson, i. pesce, s. pez*
poēta	poētae *m*	Dichter	*Poet, Poesie, poetisch, e. poet, f. poète, i./s. poeta*
prōdesse	prōsum, prōfuī	nützen	*Prosit, Prost*
sevērus	a, um	ernst	*e. severe, f. sévère, i./s. severo*
simplex	simplicis	ehrlich, einfach	*simpel, Simplizität, e./f./s. simple, i. semplice*
theātrum		Theater	
tingere	tingō, tīnxī, tīnctum	befeuchten, färben	*Tinktur, Tinte*
toga		Toga	
torus		(gepolstertes) Lager, Bett	
tussis	tussis *f*	Husten	„*Tussamag*“
ūva		Traube	„*Uva d'Italia*“
versus	versūs *m*	Vers	*f. vers, i. verso*
vertex	verticis *m*	Kopf	*vertikal*
vīcīnus	a, um *Subst.*	1 benachbart 2 Nachbar	*e. vicinal, f. voisin, i. vicino, s. vecino*

Atlas *aetherium* **axem cervicibus fert.**	Atlas trägt die Achse des Himmels auf seinen Schultern.
Iuppiter arces *aetherias* **temperat.**	Jupiter herrscht im Himmel.

sedes *aetheriae*	der Sitz im Himmel
per aspera ad *astra*	über raue (Wege) zu den Sternen

avidus	trocken	V
avidus	(be)gierig	

ala	Flügel	V
ara	Altar	

fulmen	**ardere**	**fervere**	**urere**	**rapidus**	N
Blitz	brennen	brennen, glühen	ausdörren, brennen	reißend (schnell), versengend	
fax				**siccus**	
Fackel				trocken	

Hitze – Kälte

flamma	*calidus*	**frigus**	**gelidus**	**sitis**
Feuer, Flamme	heiß, warm	Kälte	kalt	Durst

Fliegen

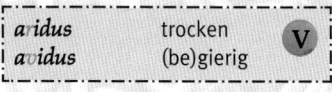

ala	**penna**	T
Flügel	Feder, Flügel	
nubes	**aura**	
Wolke	Gunst, Luft	
pendēre	**cadere**	**volare**
(herab)hängen	fallen	eilen, fliegen

aequāre	aequō	erreichen, gleichkommen	*Äquator*
aethēr	aetheris *m* (*Akk. Sg.* aethera)	Himmelsraum	*Äther*
aetherius	a, um	des Himmels	*ätherisch*
aevum		1 Leben, Zeit 2 Alter, Jugend	
āla		Flügel	
amnis	amnis *m*	Fluss	
arcus	arcūs *m*	Bogen	*Arkade, f. arc, i. arco*
āridus	a, um	trocken	
artus	artūs *m*	Glied	*Artikel*
arvum		Feld	
assiduus	a, um	ununterbrochen	
astrum		Stern	*Astronomie, Astrologie*
ātrium		Halle	*Atrium*
audāx	audācis	mutig, verwegen	*e. audacious, f. auda-cieux, i. audace, s. audaz*
auspicium		Vorzeichen	*Auspizien, e. auspices, f. auspice, i./s. auspicio*
avidus	a, um	(be)gierig	*e. avid, f. avide, i. avido, s. ávido*
axis	axis *m*	Achse, Wagen	
bis	*Adv.*	zweimal	*bilingual, bilateral, bisexuell*
blandus	a, um	schmeichelnd	
bracchium		Arm	*brachial, Brachialgewalt*
caelestis	e *Subst.*	1 göttlich, himmlisch 2 *Pl.* Götter	*e. celestial, f. céleste*
calidus	a, um	heiß, warm	*f. chaud, i. caldo, s. cálido*
cālīgō	cālīginis *f*	Dunst, Rauch	

viam *carpere*	einen Weg zurücklegen
aethera *carpere*	den Himmelsraum durchziehen
taedas *coire*	eine Ehe schließen
ad locum quendam *coire*	zu einem bestimmten Ort gehen, an einem bestimmten Ort zusammenkommen
animo *concipere*	vermuten
mente *concipere*	denken

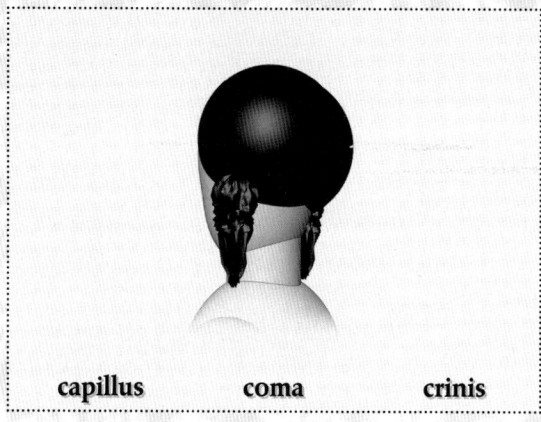

capillus	**coma**	**crinis**

colores

flavus	niger	purpureus
gelb	schwarz	purpurn

cum- (W)

co-ire	zusammenkommen
con-cipere	zusammenfassen; erfassen, erkennen
con-cutere	erschüttern, schütteln
con-tingere	berühren, gelingen
com-mittere	anvertrauen; veranstalten, zustande bringen

capillus		Haar	
captāre	captō *m. Akk.*	greifen nach	
carpere	carpō, carpsī, carptum	(zer)pflücken	
cervīx	cervīcis *f*	Nacken	
citus	a, um	schnell	
coīre	coeō, coiī	zusammenkommen	*Koitus*
color	colōris *m*	Farbe	*kolorieren, e. colour, f. couleur, i. colore, s. color*
coma		Haar	
concipere	concipiō, concēpī, conceptum	1 zusammenfassen 2 erfassen, erkennen	*konzipieren, Konzept, e. to conceive, f. concevoir, i. concepire, s. concebir*
concutere	concutiō, concussī, concussum	erschüttern, schütteln	
creāre	creō	(er)schaffen	*kreativ, Kreatur, e. to create, f. créer, i. creare, s. criar*
crīnis	crīnis *m*	Haar	
cruor	cruōris *m*	Blut	
crūs	crūris *n*	Bein	
cupīdō	cupīdinis *f*	Begierde	
dēlūbrum		Heiligtum, Tempel	
dēnsus	a, um	dicht	
dīrus	a, um	schrecklich	
domāre	domō, domuī	bezwingen	*Dompteur, f. dompter*
dōnec	*Subj.*	(solange) bis	
ēn		1 siehe 2 etwa 3 los	
ēnsis	ēnsis *m*	Schwert	

Oscula in os puellae *figit*.	Er drückt Küsse auf den Mund der Freundin.
Stellae sub aethere *fixae sunt*.	Die Sterne haften am Himmel.
Ensis in pectore *fixus est*.	Das Schwert steckt in der Brust.

proles *gemina*	Zwillingspaar
alae *geminae*	Flügelpaar, beide Flügel

Mord – Blut – Tod

exitium	Tod
mors	Tod
nex	Mord, Tod
cruor	Blut
sanguis	Blut
sepulcrum	Grabmal
tumulus	(Grab-)Hügel

fauces	Hals	**V**
faces	Fackeln	

fulmen	Blitz	**V**
flumen	Fluss	

con-sistere	haltmachen, sich aufstellen	**K**
ex-sistere	hervorkommen	
re-sistere	stehen bleiben; Widerstand leisten	

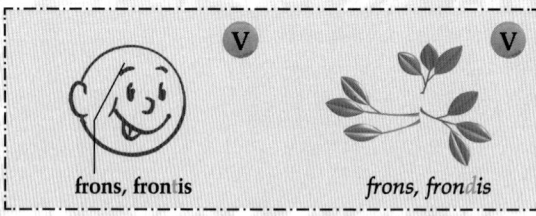

frons, frontis   frons, frondis

eōdem	Adv.	dorthin	
error	errōris m	1 Irrtum, Zweifel	e. error, f. erreur,
		2 Irrfahrt, Irrweg	i. errore, s. error
exitium		Tod	
exsistere	exsistō, exstitī	hervorkommen	existieren, Existenz,
			e. to exist, f. exister,
			i. esistere, s. existir
faciēs	faciēī f	Gesicht	e./f. face, i. faccia, s. faz
fārī	for, fātus sum	sagen	
faucēs	faucium Pl. f	Hals	
favēre	faveō, fāvī m. Dat.	begünstigen	favorisieren, Favorit
fax	facis f	Fackel	
fera		(wildes) Tier	
fervēre	ferveō	brennen, glühen	
fīgere	fīgō, fīxī, fīxum	befestigen	fixieren, Präfix, Suffix,
			Fixstern, e. to fix, f. fixer,
			i. fissare, s. fijar
fīnīre	fīniō, fīnīvī, fīnītum	beenden	e. to finish, f. finir, i. finire
flāvus	a, um	gelb	
fraus	fraudis f	Betrug	e. fraud, f./s. fraude, i. frode
frēnum		Zügel	
frīgus	frīgoris n	Kälte	f. froid, i. freddo, s. frío
frōns	frondis f	Laub	
frūgēs	frūgum Pl. f	Früchte	
fulmen	fulminis n	Blitz	fulminant
gelidus	a, um	kalt	i. gelato
geminus	a, um	doppelt	
gener	generī m	Ehemann, Schwiegersohn	Generation
genitor	genitōris m	Vater	
genū	genūs n	Knie	

opes *immensae*	unermessliche Schätze
aether *immensus*	der unermessliche Himmelsraum

gignere	gigno	genui	gen-itum	erzeugen, gebären	
			gen-itor	Vater	
			gen-er	Ehemann, Schwiegersohn	

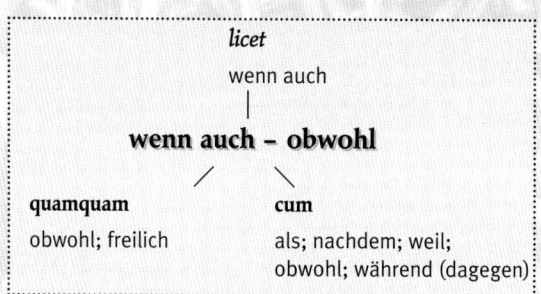

licet
wenn auch
|
wenn auch – obwohl

quamquam   **cum**
obwohl; freilich   als; nachdem; weil;
     obwohl; während (dagegen)

Kosmos N

aether
Himmelsraum

luna	**astrum**	**stella**	**sol**		
Mond	Stern	Stern	Sonne		
nubes	**fulmen**	**aër**	**aura**	**spatium**	**polus**
Wolke	Blitz	Luft	Gunst, Luft	Raum, Strecke, Zeitraum	Pol
tellus					
Erde					

in-   W
im-motus	unbewegt
i-gnarus	ohne Kenntnis, unwissend
in-felix	unglücklich

gignere	gignō, genuī, genitum	erzeugen, gebären	*generieren, Generation*
hērēs	hērēdis *m*	Erbe	
heu		ach	
immēnsus	a, um	unendlich, unermesslich	*immens*
imminēre	immineō	drohen	*imminent*
immōtus	a, um	unbewegt	
incumbere	incumbō, incubuī *m. Dat.*	sich stürzen auf / in	
inhibēre	inhibeō	hindern	
interdum	*Adv.*	manchmal	
laniāre	laniō	zerfleischen, zerreißen	
levāre	levō	erleichtern	*f. lever, i. levare, s. levantar*
licet	*Subj.*	wenn auch	*Lizenz*
līmes	līmitis *m*	Bahn, Weg	*Limes, limitieren, e. limit, f./i. limite, s. límite*
lūna		Mond	*Laune, f. lune, i./s. luna*
māteria		Nahrung, Stoff	*Materie, Material, f. matière, i./s. materia*
merēre	mereō	verdienen	*Meriten, emeritiert*
mītis	e	mild	
mōlēs	mōlis *f*	1 Mole 2 Gewalt	*Molekül, i./s. mole*
murmur	murmuris *n*	Flüstern, Murmeln	
nāta		Tochter	*naiv*
nefās	*n indekl.*	Unrecht (gegen Götter)	
nēquīquam	*Adv.*	vergeblich	
niger	nigra, nigrum	schwarz	
nitidus	a, um	glänzend	
novem		neun	*f. neuf, i. nove, s. nueve*

OVID

nubes
proles

mollia otia *peragere*	in angenehmer Ruhe leben
annos *peragere*	die Jahre verbringen
iussa *peragere*	Befehle ausführen

Götter – Himmel   B

aether	aetherius	caelestis	caelum
Himmelsraum	des Himmels	göttlich, himmlisch; Pl. Götter	Himmel

deus	dea	numen	*penates*	superi
Gott, Gottheit	Göttin	Gottheit, göttlicher Wille	Penaten (Hausgötter)	Götter

delubrum	ara	aedis	templum
Heiligtum, Tempel	Altar	Tempel; Pl. Haus	heiliger Ort, Tempel

Wasser – Gewässer   N

aqua	unda	*palus*	fons	ripa	litus
Wasser	Gewässer, Welle	Sumpf	Quelle, Ursprung	Ufer	Küste, Strand

pelagus	*pontus*	aequor	mare	flumen
Meer, See	Meer	Ebene, Fläche, Meer	Meer	Fluss

rapidus	tingere	spargere
reißend (schnell), versengend	befeuchten, färben	ausstreuen, bespritzen, verbreiten

ire	eo	ii	itum	gehen K
abire	abeo	abii	abitum	weggehen
adire	adeo	adii	aditum	herantreten (an), bitten
perire	pereo	perii	periturum	umkommen, zugrunde gehen
prodire	prodeo	prodii		da sein, hervortreten
redire	redeo	redii	reditum	zurückgehen, zurückkehren
transire	transeo	transii	transitum	durchqueren, hinübergehen, überschreiten

nūbēs	nūbis *f*	Wolke	
obnoxius	a, um	unterworfen, verpflichtet	
obstāre	obstō, obstitī	hinderlich sein, im Weg stehen	
ōmen	ōminis *n*	(Vor-)Zeichen	*Omen*
ōsculum		Kuss	
palūs	palūdis *f*	Sumpf	*Pfuhl*
pariēs	parietis *m*	Wand	
pāscere	pāscō, pāvī, pāstum *m. Abl.*	erfreuen	*Pastor*
pelagus	pelagī *n*	Meer, See	
penātēs	penātium *Pl. m*	Penaten (Hausgötter)	*„Penaten-Creme"*
pendēre	pendeō, pependī	(herab)hängen	*Pendel, f. pendre, i. pendere, s. pender*
penitus	*Adv.*	tief (hinein)	
penna		Feder, Flügel	*e. pen, pencil, i. penna*
peragere	peragō, perēgī, perāctum	(durch)leben, ausführen	
pignus	pignoris *n*	Pfand	
piscis	piscis *m*	Fisch	*e. fish, f. poisson, i. pesce, s. pez*
poēta	*m*	Dichter	*Poet, Poesie, poetisch, e. poet, f. poète, i./s. poeta*
polus		Pol	
pondus	ponderis *n*	Gewicht	*Pfund, e. pound*
pontus		Meer	
prōdīre	prōdeō, prōdiī	da sein, hervortreten	
prōgeniēs	prōgeniēī *f*	Nachkommen(schaft), Sohn	
prōlēs	prōlis *f*	Nachkommen(schaft), Sohn	*Prolet, Proletarier*

OVID

promissum

sonare

semel	**x-mal**	**ter**
einmal		dreimal

Fahren   Ⓣ

axis	Achse, Wagen
frenum	Zügel
radius	(Rad-)Speiche, Strahl
currus	Wagen
rota	Rad
error	Irrtum, Zweifel; Irrfahrt, Irrweg
limes	Bahn, Weg
citus	schnell
praeceps	steil; schnell, überstürzt
properare	eilen, sich beeilen
volare	eilen, fliegen

sol	Sonne	Ⓥ
solus	allein, einzig	
solum	nur	
solum	Boden	

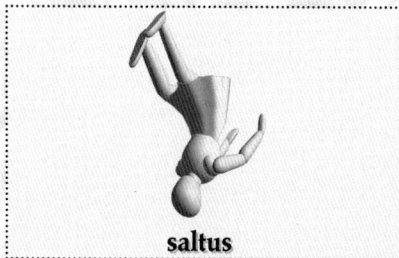

saltus

prōmissum		Versprechen	*e. promise, f. promesse, i. promessa, s. promesa*
purpureus	a, um	purpurn	
quot	*interrogativ*	1 wie viele	
	relativ	2 so viele wie	
radius		(Rad-)Speiche, Strahl	*Radius*
rapidus	a, um	reißend (schnell), versengend	*rapid*
rēgia		(Königs-)Burg	
revellere	revellō, revellī, revulsum	(ent)reißen	
rota		Rad	*rotieren, Rotation*
rūsticus	a, um	ländlich	*rustikal*
saltus	saltūs *m*	Sprung	*Salto*
satiāre	satiō	sättigen	
seges	segetis *f*	Saat	
semel	*Adv.*	einmal	
sepulcrum		Grabmal	*e. sepulchre, f. sépulcre, i. sepolcro, s. sepulcro*
siccus	a, um	trocken	*Sekt*
silēns	silentis	schweigend, still	*e. silent*
silentium		Schweigen	*Silentium-Raum, e./f. silence, i. silenzio, s. silencio*
sitis	sitis *f*	Durst	*f. soif, i. sete, s. sed*
sollicitus	a, um	1 beunruhigt, sorgenvoll 2 beunruhigend	
solum		Boden	*Sohle, e. soil, f. sol, i. suolo, s. suelo*
sonāre	sonō, sonuī	klingen, klirren	*Sonate, Konsonant*

vestis sanguine *tincta*	die vom Blut gefärbte (mit Blut getränkte) Kleidung
aequore *tingi*	sich im Nass (ab)kühlen
onere *vacuus*	ohne Last (frei von Last)
ense *vacuus*	ohne Schwert

Jahreszeiten N

ver	aestas	hiems
Frühling	Sommer	Winter

Wünschen – Wollen S

avidus	**blandus**		
(be)gierig	schmeichelnd		

cupido	*votum*
Begierde	Gelübde, Wunsch

optare	**poscere**	**velle**	**cupere**
wünschen	fordern, verlangen	wollen	verlangen, wünschen

rogare	**orare**	**petere**	**precari**
bitten, erbitten, fragen	bitten	(auf)suchen, (er)streben, bitten, verlangen	bitten

-or W

trem-or	Zittern
err-or	Irrtum, Zweifel; Irrfahrt, Irrweg
am-or	Liebe
dol-or	Schmerz
hon-or	Ehre, Ehrenamt
lab-or	Anstrengung, Arbeit

stēlla		Stern	*„Stella", Konstellation, e. star, f. étoile, i. stella, s. estrella*
subitus	a, um	plötzlich	
taedae	taedārum *Pl.*	Ehe, Hochzeit	
tellūs	tellūris *f*	Erde	
ter	*Adv.*	dreimal	
timidus	a, um	ängstlich	*e. timid, f. timide, i. timido, s. tímido*
tingere	tingō, tīnxī, tīnctum	befeuchten, färben	*Tinktur, Tinte*
tremere	tremō, tremuī	zittern	
tremor	tremōris *m*	Zittern	*Tremolo*
tumulus		(Grab-)Hügel	*Tumulusgrab*
ūrere	ūrō, ussī, ustum	ausdörren, brennen	
vacuus	a, um *m. Abl.*	frei von	*Vakuum, Vakanz, e./f. vacant, i./s. vacante*
vagārī	vagor	sich herumtreiben	*Vagabund, Vagant*
vātēs	vātis *m*	1 Seher 2 Dichter, Sänger	
venēnum		Gift	*i. veleno, s. veneno*
vēr	vēris *n*	Frühling	*i./s. primavera*
versāre	versō	(ver)drehen	
vetāre	vetō, vetuī, vetitum	verbieten	*Veto, i. vietare, s. vedar*
vīcīnus	a, um	nah	*e. vicinal, f. voisin, i. vicino, s. vecino*
vincīre	vinciō, vinxī, vinctum	fesseln, umgeben	
vōtum		Gelübde, Wunsch	*Votum, Votivtafel, e. vow/vote, f. voeu, vote, i./s. voto*

PHÄDRUS

admonere

dissolvere

fabula *admonet*	die Fabel lehrt
arbor *celsa*	ein hoher Baum
cornua *celsa*	ein großes Geweih
liquor *copiosus*	reichlich Wasser
domus *copiosa*	ein gut ausgestattetes Haus

Tiere

agnus   asinus   bos   cervus

canis   lupus   vulpes   leo

columba   corvus   pullus   musca

-o

cit-o	schnell
merit-o	mit Recht
paul-o	(um) ein wenig
ver-o	in der Tat, wirklich; aber

verspotten – verletzen

contemnere	verachten
decipere	täuschen
deridere	auslachen
laedere	beschädigen, verletzen
rapere	wegführen, rauben, wegreißen
lacerare	zerreißen

admonēre	admoneō	ermahnen, lehren	*e. to admonish,* *f. admonester,* *i. ammonire*	
agnus		Lamm	*Agnus Dei, f. agneau,* *i. agnello*	
arcus	arcūs *m*	Bogen	*Arkade, f. arc, i. arco*	
asinus		Esel	*f. âne, i. àsino*	
avidus	a, um	(be)gierig	*e. avid, f. avide, i. avido,* *s. ávido*	
bis	*Adv.*	zweimal	*bilingual, bilateral,* *bisexuell*	
cavus		Höhle	*kon-kav*	
celsus	a, um	hoch		
cervus		Hirsch		
citō	*Adv.*	schnell		
columba		Taube	*f. colombe, i. colomba*	
contemnere	contemnō, contempsī, contemptum	verachten	*e. to contemn*	
cōpiōsus	a, um	reich, reichlich (vorhanden)	*e. copious, f. copieux,* *i./s. copioso*	
corvus		Rabe	*f. corbeau, i. corvo*	
crūs	crūris *n*	(Schien-)Bein		
dēcipere	dēcipiō, dēcēpī, dēceptum	täuschen		
decus	decoris *n*	Glanz	*Dekor, dekorieren,* *f. décor, i./s. decoro*	
dēns	dentis *m*	Zahn	*Dr. med. dent., Dentist,* *„Dentagard", e. tooth,* *f. dent, i. dente, s. diente*	
dērīdēre	dērīdeō, dērīsī, dērīsum	auslachen		
dissolvere	dissolvō, dissolvī, dissolūtum	auflösen, vernichten	*f. dissoudre, i. dissolvere,* *s. disolver*	

vitā *frui*	das Leben genießen	**D**

pennas eripere	Federn ausreißen

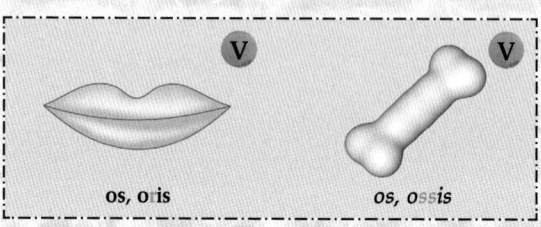

os, oris   os, ossis

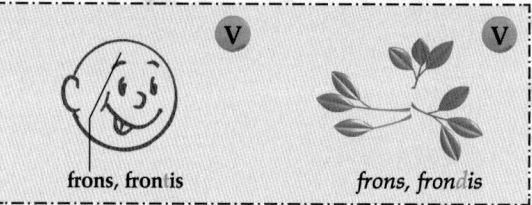

frons, frontis   frons, frondis

Körperteile   N

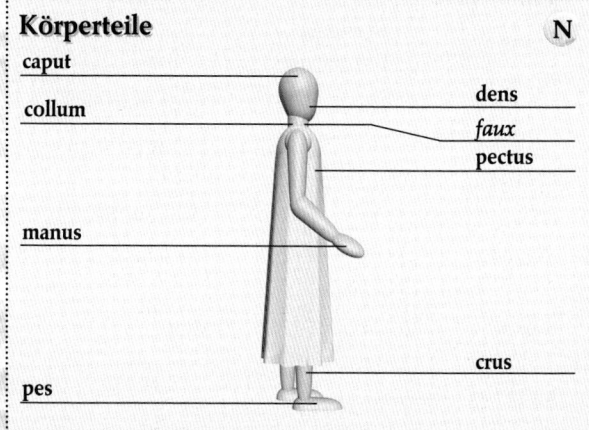

caput
collum
manus
pes

dens
faux
pectus
crus

Gewässer   N

liquor	Wasser
vadum	Gewässer, seichtes Wasser
flumen	Fluss
mare	Meer
fons	Quelle, Ursprung

error	errōris *m*	Irrtum	*e. error, f. erreur, i. errore, s. error*
fābella		(kleine) Fabel	
faux	faucis *f*	Hals	
fraus	fraudis *f*	Betrug, List	*e. fraud, f./s. fraude, i. frode*
frēnum		Zaum, Zügel	
frōns	frondis *f*	Laub	
fruī	fruor *m. Abl.*	genießen	*i. fruire, s. fruir*
heus		he	
ideō		deshalb	
impūne	*Adv.*	ohne Schaden, ungestraft	
invītāre	invītō	einladen	*e. to invite, f. inviter, i. invitare, s. invitar*
lacerāre	lacerō	zerreißen	
latrō	latrōnis *m*	Räuber	
liquor	liquōris *m*	Wasser	*Likör*
lūdus		Spiel	*Präludium*
lupus		Wolf	*„Lupo", f. loup, i. lupo, s. lobo*
meritō	*Adv.*	mit Recht	*Meriten, emeritiert*
musca		Fliege	*Moskito, f. mouche, i. mosca*
nummī	nummōrum *Pl.*	Geld, Vermögen	
os	ossis *n*	Knochen	*Osteoporose*
ōsculum		Kuss	
penna		Feder	*e. pen, pencil, i. penna*
persōna		Maske	*Person, Personal, Personalpronomen, personell*
prōdesse	prōsum, prōfuī	nützen	*Pros(i)t*
prōdīre	prōdeō, prōdiī	auftreten, sich zeigen	

PHÄDRUS

pullus

vulpes

Essen – Trinken **B**

fames	Hunger
sitis	Durst
cibus	Nahrung, Speise
liquor	Wasser
bibere	trinken
satiare	sättigen

uva

-idus **W**

av-idus	(be)gierig
cup-idus	(be)gierig (nach)
plac-idus	friedlich, ruhig, sanft
tim-idus	ängstlich
val-idus	stark

Unterhaltung **B**

theatrum	Theater
persona	Maske
ludus	Spiel
tibicen	Flötenspieler
fabula	Erzählung, Geschichte, Theaterstück
fabella	(kleine) Fabel
versus	Vers

Ziele einer Fabel

admonere	lehren
suadere	raten
prodesse	nützen
delectare	erfreuen, unterhalten

pullus		Huhn	*f. poule, i./s. pollo*
quiētus	a, um	ruhig	*quitt, e. quiet*
rūsticus		Bauer	*rustikal*
satiāre	satiō	sättigen	
simul(ac)	*Subj. m. Ind.*	sobald	
sitis	sitis *f*	Durst	*f. soif, i. sete, s. sed*
suādēre	suādeō, suāsī	raten	
subinde	*Adv.*	von Zeit zu Zeit	
super	*Adv.*	außerdem	*super, Sopran, e. super-*
theātrum		Theater	
tībīcen	tībīcinis *m*	Flötenspieler	
timidus	a, um	ängstlich	*e. timid, f. timide, i./s. timido*
ūva		Traube	*„Uva d'Italia"*
vadum		Gewässer, seichtes Wasser	
vagārī	vagor	sich herumtreiben	*Vagabund*
validus	a, um	stark	*Validität, Invalide, valid(e)*
vānus	a, um	eitel	*e./f. vain, i./s. vano*
versus	versūs *m*	Vers	*f. vers, i. verso*
vigilāre	vigilō	wachsam sein	*f. veiller, i. vigilare/ vegliare, s. vigilar*
vulpēs	vulpis *f*	Fuchs	*i. volpe*

VERGIL

aequare

comitari

scelus *canere*	ein Verbrechen verkünden
sacra *canere*	Hymnen singen
bella *canere*	von Kriegen sprechen
igni *carpi*	vom Feuer (der Liebe) verzehrt werden
somnos *carpere*	den Schlaf genießen
celsa *arce*	hoch auf der Burg, oben in der Burg
celsae *naves*	hochaufragende Schiffe

Gebiet – Land

arvum	Gebiet, Land
solum	Boden
tellus	Erde, Land
campus	Feld, freier Platz
terra	Erde, Land
ager	Acker, Feld, Gebiet

Kosmos

aether	*axis*	*polus*
Himmelsraum	Himmel, Himmelsgewölbe	(Himmels-)Pol, Himmel

astrum	*sidus*	*luna*	*sol*
Stern	Stern, Sternbild	Mond	Sonne

nubes	*fulmen*
Wolke	Blitz

tellus
Erde, Land

---

aequ-or	Ebene, Fläche, Meer	F
aequ-are	erreichen, gleichkommen	
aequ-us	eben, gleich, gerecht	
in-iqu-us	ungerecht, ungleich	

alt-us	hoch, tief	F
alt-um	Meer	

aequāre	aequō m. Akk.	erreichen, gleichkommen	*Äquator*
aethēr	aetheris m (*Akk. Sg.*) aethera	Himmelsraum	*Äther*
aetherius	a, um	des Himmels	*ätherisch*
age		auf, nun!	
āla		Flügel	
altum		Meer	
amplectī	amplector, amplexus sum	umarmen, umschlingen	
ārdēns	ārdentis	brennend, funkelnd	*e./f. ardent*
artus	artūs m	Glied	*Artikel*
arvum		Gebiet, Land	
aspectus	aspectūs m	(An-)Blick	*Aspekt, e./f. aspect, i. aspetto, s. aspecto*
astāre	astō, astitī	(da)stehen	
astrum		Stern	*Astronomie, Astrologie*
auspicium		Leitung, Wille	*Auspizien, e. auspices, f. auspice, i./s. auspicio*
axis	axis m	Himmel, Himmelsgewölbe	*Achse*
bis	*Adv.*	zweimal	*bilingual, bilateral, bisexuell*
canere	canō, cecinī	(ver)künden, singen	*Kantate, Chanson, Kantor, f. chanter, i. cantare, s. cantar*
carcer	carceris m	Gefängnis	*Kerker, Karzer*
carpere	carpō, carpsī, carptum	pflücken, genießen, verzehren	
cavus	a, um	hohl	*konkav*
celsus	a, um	hoch	
citus	a, um	schnell	
comitārī	comitor, comitātus sum	begleiten	

VERGIL
compellare
figere

fas **mihi (est)**	mir ist erlaubt, ich darf
flammis *fervere*	in Flammen glühen
face **ferroque**	mit Feuer und Schwert
solo *fixos* **oculos tenere**	die Blicke starr auf den Boden richten

Leidenschaft

G

cupido	**flamma**	**furor**	**ira**
Gier, Leidenschaft	Feuer, Flamme	Wahnsinn, Wut	Zorn
amplecti	**carpere**	**concutere**	*fervere*
umarmen, umschlingen	genießen, verzehren	erschüttern	brennen, glühen
furere	**saevire**	**ardere**	
(vor Liebe) rasen, wüten	rasen, toben	brennen	
ardens	*ferox*	**saevus**	
brennend, funkelnd	wild	schrecklich, wild, wütend	

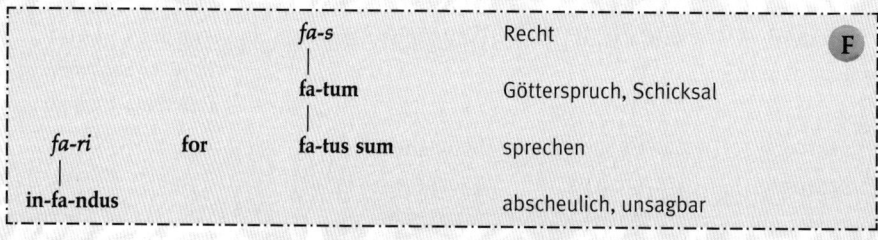

		fa-s	Recht
		fa-tum	Götterspruch, Schicksal
fa-ri	for	**fa-tus sum**	sprechen
in-fa-ndus			abscheulich, unsagbar

F

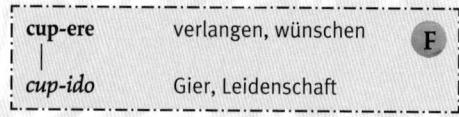

cup-ere	verlangen, wünschen
cup-ido	Gier, Leidenschaft

F

compellāre	compellō	ansprechen	
concutere	concutiō, concussī, concussum	erschüttern	
contrārius	a, um	feindlich	*konträr, e. contrary, f. contraire, i./s. contrario*
cōram	*Adv.*	persönlich, vor aller Augen	*„coram publico"*
crīnis	crīnis *m*	Haar	
cruor	cruōris *m*	Blut	
cūnctārī	cūnctor	zögern	
cupīdō	cupīdinis *f*	Gier, Leidenschaft	
decus	decoris *n*	Ehre, Glanz	*Dekor, dekorieren, f. décor, i./s. decoro*
dēlūbrum		Tempel	
dīrus	a, um	grauenvoll, schrecklich	
dissimulāre	dissimulō	verbergen	*e. to dissimulate*
dōnec	*Subj. m. Ind.*	(solange) bis	
effundere	effundō, effūdī, effūsum	ausgießen, vergießen	
ēn	*hinweisend* *fragend*	1 da ist nun, siehe 2 etwa, wohl	
ēnsis	ēnsis *m*	Schwert	
fārī	for, fātus sum	sprechen	
fās	*n*	Recht	
fās est	*(m. Dat.)*	es ist (jmd.) erlaubt	
fax	facis *f*	Fackel	
ferōx	ferōcis	wild	*e. ferocious, f. féroce, i. feroce, s. feroz*
fervēre	ferveō	brennen, glühen	
fīgere	fīgō, fīxī, fīxum	1 aufhängen, befestigen 2 treffen	*fixieren, Präfix, Suffix, e. to fix, f. fixer, i. fissare, s. fijar*

VERGIL

flavus

iussum

crinis *flavus*	blondes Haar
aurum *flavum*	Gelbgold
gemina proles	zwei Söhne
vocem auribus *haurire*	eine Stimme vernehmen
ignem oculis *haurire*	den Blick am Feuer weiden
supplicia *haurire*	büßen
toro *incumbere*	sich aufs Bett werfen

Verzweiflung G

fletus	gemitus	clamor	furor
Weinen	Seufzen, Traurigkeit	Geschrei, Lärm	Wahnsinn, Wut

infelix	tristis
unglücklich	traurig, unfreundlich

grauenvoll

dirus	*infandus*	saevus
grauenvoll, schrecklich	abscheulich, unsagbar	schrecklich, wild, wütend

crudelis	impius	ferox
grausam	gottlos, gewissenlos	wild

Wetter N

fulmen	Blitz
nubes	Wolke
aura	Gunst, Luft
hiems	Winter, Unwetter
umbra	Schatten

iubere	iubeo	iussi	iussum	anordnen, befehlen	
			iussum	Befehl	

flāvus	a, um	blond, gelb	
flētus	flētūs *m*	Weinen	
foedus	foederis *n*	Bündnis, Vertrag	*Föderalismus, Föderation, föderal*
frōns	frondis *f*	Laub	
fulmen	fulminis *n*	Blitz	*fulminant*
furere	furō	(vor Liebe) rasen, wüten	*Furie, furios*
futūrus	a, um	künftig	*futurisch, futuristisch, Futur*
geminus	a, um	doppelt, zwei	
genitor	genitōris *m*	Vater	
gignere	gignō, genuī, genitum	gebären, zeugen	*generieren, Generation*
gradus	gradūs *m*	Schritt	*Grad, e. degree/grade, f. degré/grade, i./s. grado*
haurīre	hauriō, hausī, haustum	(in sich) aufnehmen	
heu		ach, weh!	
hospitium		Gastfreundschaft	*Hospiz, Hospital, Hotel*
immānis	e	mächtig, riesig	
immēnsus	a, um	gewaltig, riesig	*immens*
immōtus	a, um	unbewegt, unverändert	
inclūdere	inclūdō, inclūsī, inclūsum	umschließen	*inklusive, e. to enclose/ to include, f. inclure, i. includere, s. incluir*
inclutus	a, um	berühmt	
incumbere	incumbō, incubuī in *m. Akk.*	(sich) stürzen (auf), sich legen (auf)	
īnfandus	a, um	abscheulich, unsagbar	
īnfundere	īnfundō, īnfūdī, īnfūsum	hineingießen, verbreiten (über)	*Infusion*
iussum		Befehl	

vincula *levare*	die Fesseln lösen
amicum auxilio *levare*	dem Freund helfen
sororis *misereri*	sich der Schwester erbarmen
iniuriarum (iniurias) *oblivisci*	die Beleidigungen vergessen

Meer N

pontus	Meer	**altum**	Meer
mare	Meer	*pelagus*	Meer
unda	Gewässer, Welle	**aequor**	Ebene, Fläche, Meer
fluctus	Flut, Strömung		

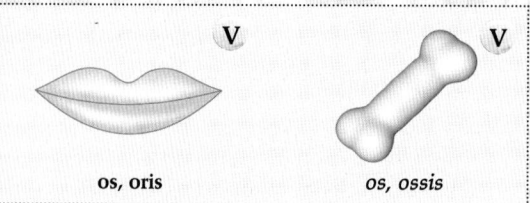

os, oris   os, ossis

Unterwelt B

manes	Manen (göttl. verehrte Seelen der Verstorbenen)
inferi	Bewohner der Unterwelt
umbra	Schatten

linqu-ere	verlassen, zurücklassen	F
re-linqu-ere	unbeachtet lassen, verlassen, zurücklassen	
re-liqu-uus	künftig, übrig	

iuventa		Jugend	*e. youth, f. jeunesse, i. gioventù, s. juventud*
iuxtā	*m. Akk.*	nahe an, neben	
levāre	levō	1 leichter machen 2 aufrichten, stärken	*f. lever, i. levare, s. levantar*
linquere	linquō, līquī	verlassen, zurücklassen	
lūna		Mond	*Laune, f. lune, i./s. luna*
mānēs	mānium *Pl. m*	Manen (göttl. verehrte Seelen der Verstorbenen)	
merēre	mereō, meruī, meritum	verdienen	*Meriten, emeritiert*
miserērī	misereor, miseritus sum *m. Gen.*	sich erbarmen	*„Misereor"*
mōlēs	mōlis *f*	1 Größe, Masse 2 Mühe	*Mole, Molekül, i./s. mole*
murmur	murmuris *n*	Dröhnen, Summen, Toben	*Murmeln*
nefās	*n*	Frevel, Unrecht (gegen Gott und Religion)	
nemus	nemoris *n*	Wald	
nūbēs	nūbis *f*	Wolke	
nūtrīx	nūtrīcis *f*	Amme	
oblīvīscī	oblīvīscor, oblītus sum *m. Gen./Akk.*	vergessen	*f. oublier, i. obliare, s. olvidar*
ōlim	*Adv.*	vor langer Zeit	
ōmen	ōminis *n*	Vorzeichen	*Omen*
os	ossis *n*	1 Bein, Knochen 2 *Pl.* das Innerste	
pelagus	pelagī *n*	Meer	
penātēs	penātium *Pl. m*	1 Hausgötter, Penaten 2 Haus, Herd	*„Penaten-Creme"*

tabula *picta*	Gemälde
vestis *picta*	ein buntes Kleid
tori *picti*	bemalte Betten
ventus *rapidus*	Sturm(wind)
ignis *rapidus*	Blitz
vertex *rapidus*	ein reißender Strudel
gradum *sistere*	stehen bleiben
aquam *sistere*	das Wasser aufhalten
sororem *sistere*	die Schwester holen

Tela *sonant.*	Die Waffen klirren.
Pelagus *sonat.*	Das Meer rauscht.

solum	Boden
solum	nur
solus	allein, einzig
sol	Sonne

V

Sakrales   **B**

pietas	Ehrfurcht, Liebe
pius	fromm, gerecht, pflichtbewusst
impius	gottlos, gewissenlos
sacrare	weihen
sacer	geweiht, heilig
sacerdos	Priesterin
sacrum	Heiligtum, Opfer
votum	Gelübde
fas	Recht
nefas	Frevel, Unrecht (gegen Gott und Religion)
delubrum	Tempel
ara	Altar
supplex	demütig bittend

pie-tas	Ehrfurcht, Liebe	**W**
|		
pi-us	fromm, gerecht, pflichtbewusst	
|		
im-pi-us	gottlos, gewissenlos	

pendēre	pendeō, pependī	hängen	*Pendel, f. pendre,*
			i. pendere, s. pender
penitus	*Adv.*	tief (hinein)	
pictus	a, um	bemalt, bunt	*e. picture*
pietās	pietātis *f*	Ehrfurcht, Liebe (gegen	*Pietät, e. piety, f. piété,*
		Eltern und Familie)	*i. pietà, s. piedad*
polus		(Himmels-)Pol, Himmel	
pontus		Meer	*Hellespont*
prōgeniēs	prōgeniēī *f*	Geschlecht,	
		Nachkommenschaft	
prōlēs	prōlis *f*	Nachwuchs	*Prolet, Proletarier*
proprius	a, um	eigen	*proper, e. proper,*
			f. propre, i./s. proprio
purpureus	a, um	purpurn	
rapidus	a, um	reißend (schnell),	*rapid*
		versengend	
rēgīna		Königin	
repōnere	repōnō, reposuī,	(zurück)bringen, hinlegen	
	repositum		
revellere	revellō, revellī,	wegreißen	
	revulsum		
rota		Rad	*rotieren, Rotation*
sacrāre	sacrō	weihen	
saevīre	saeviō	rasen, toben	
secūris	secūris *f*	Beil	
silēre	sileō	schweigen	*Silentium-Raum*
sistere	sistō, stitī	1 (hin)stellen	*assistieren*
		2 aufhalten, hemmen	
solum		Boden	*Sohle, e. soil, f. sol,*
			i. suolo, s. suelo
sonāre	sonō, sonuī,	klingen, tönen	*Sonate, Konsonant*
	sonitum		

bellum *vetare*	einen Krieg verbieten

Schicksal

fatum	**sors**	**fortuna**
Götterspruch, Schicksal	Los, Orakelspruch, Schicksal	Glück, Schicksal
numen	*vates*	**omen**
Gottheit, göttlicher Wille	Seher(in)	Vorzeichen

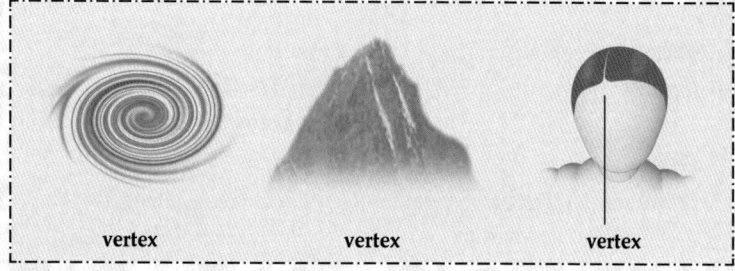

vertex   vertex   vertex

val-ere	Einfluss haben, gesund sein, stark sein	**F**
val-idus	kräftig, stark	

vert-ere verto verti **vers-um**	drehen, wenden	**F**
vers-are	hin- und herwenden, überlegen	
vert-ex	Strudel; Gipfel, Scheitel	

Latein	Formen	Deutsch	Verwandte
spolium		Beute	
stirps	stirpis *f*	Geschlecht, Stamm	
subitus	a, um	plötzlich	
super	*Adv.*	außerdem	*super, Sopran*
suspēnsus	a, um	1 schwebend, ungewiss 2 ängstlich	*e. suspens*
taedae	taedārum *Pl.*	Ehe, Hochzeit	
tellūs	tellūris *f*	Erde, Land	
ter	*Adv.*	dreimal	
torus		Bett, Lager	
tremere	tremō, tremuī	zittern	*Tremolo*
usquam	*Adv.*	irgendwo	
vadum		flaches Wasser	
vagārī	vagor	sich ausbreiten, sich herumtreiben	*Vagabund*
validus	a, um	kräftig, stark	*Validität, Invalide, valid(e)*
vātēs	vātis *m/f*	Seher(in)	
versāre	versō	hin- und herwenden, überlegen	*versiert*
vertex	verticis *m*	1 Strudel 2 Gipfel, Scheitel	*vertikal*
vetāre	vetō, vetuī, vetitum	verbieten	*Veto, i. vietare, s. vedar*
vōtum		Gelübde	*Votum, Votivtafel, e. vow/vote, f. voeu/ vote, i./s. voto*

KOMÖDIE

abstrudere

decet

Aegre est.	Es tut weh.
Aegre fero.	Ich ärgere mich.
Aegre patior.	Es beunruhigt mich.

Ausculta mihi!	Hör auf mich!
Ere, mane, eloquar, *ausculta*!	Herr, bleib, ich will es erzählen, hör' zu!

---

blande salutare	mit schmeichelhaften Worten begrüßen
certo scire	sicher wissen

Te *coram* laudo.	Ich lobe dich vor aller Augen.
Coram adsum.	Ich bin persönlich da.

Verwandte B

cognatus	Verwandter
nata	Tochter
natus	Sohn
affinis	Schwiegersohn, Schwiegervater
avunculus	Onkel

Küche B

coquus	Koch
servulus	Sklave

aula	Topf	**cena**	Mahlzeit, Essen	*coquere*	kochen
focus	Herd	**aqua**	Wasser	**edere**	essen
lignum	(Brenn-)Holz	**vinum**	Wein	**potare**	trinken

-ulus W

avunc-ulus	Onkel
serv-ulus	Sklave

abstrūdere	abstrūdō, abstrūsī, abstrūsum	verstecken	*abstrus*
adulēscentia		Jugend	*Adoleszenz, e./f. adolescence, i. adolescenza, s. adolescencia*
aegrē	*Adv.*	ärgerlich, schmerzlich	
affīnis	affīnis *m*	Schwiegersohn, Schwiegervater	*Affinität*
age		los; also	
agnus		Schaf	*f. agneau, i. agnello*
asinus		Esel	*e. ass, f. âne*
astāre	astō, astitī	dastehen	
aula		Topf	
auscultāre	auscultō	zuhören, gehorchen	
avidus	a, um	geizig	*e. avid, f. avide, i. avido*
avunculus		Onkel	
blandus	a, um	schmeichelhaft	
cēlāre	cēlō	verbergen	*i. celare, s. celar*
certō	*Adv.*	sicher	*e. certainly*
cognātus		Verwandter	
comprimere	comprimō, compressī, compressum	verführen	*komprimieren, Kompresse, Kompression, Kompressor*
coquere	coquō, coxī, coctum	kochen	
coquus		Koch	
cōram	*Adv.*	persönlich, vor aller Augen	*„coram publico"*
corvus		Rabe	
crux	crucis *f*	Kreuz	*Kruzifix, Krux*
decet	decuit	es gehört sich, es ist erlaubt	*dekorieren, Dekor, Dekoration, dezent*

KOMÖDIE

deridere

lacrimare

Mihi *despondes* filiam?	Gibst du mir deine Tochter zur Frau?
Nimium *ineptus* es.	Du bist ein allzu großer Narr.
Inepta haec esse, quae nos facimus, sentio.	Ich merke, dass das, was wir tun, „läppisch" ist.
Coctum *edo.*	Ich esse Gekochtes.
Libenter sermonem tuum *edo.*	Ich „verschlinge" deine Worte.

intro { ire / abire / redire }   hereinkommen, hineingehen

Cave quemquam alienum in aedes *intro* miseris!	Lass ja keinen Fremden ins Haus hinein!

K

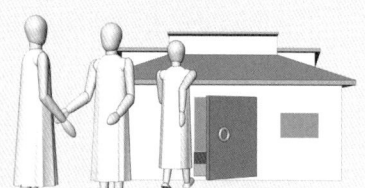

Dromo:	Heus Syre, rogat te Ctesipho, ut redeas.	He, Syrus, Ctesipho bittet dich zurückzukommen.
Syrus:	Abi!	Geh weg! *(Dromo zurück ins Haus)*
Demea:	Quid Ctesiphontem hic narrat?	Was redet der von Ctesipho?
Syrus:	Nil.	Nichts.
Demea:	Est Ctesipho intus?	Ist Ctesipho im Haus?
Syrus:	Non est.	Nein.
Demea:	Cur hic nominat?	Warum nennt der dann seinen Namen?
Syrus:	Est alius quidam.	Es ist ein anderer.
Demea:	Iam sciam.	*(will ins Haus)* Ich werd's gleich wissen.
Syrus:	Quid agis? Quo abis?	*(hält ihn fest)* Was tust du? Wohin willst du?
Demea:	Mitte me!	Lass mich los!

klagen, weinen

lacrimare	weinen
flere	beklagen, (be)weinen
clamare	laut rufen, schreien

V

illic	dort
illuc	dahin, dorthin
illinc	von dort

dērīdēre	dērīdeō, dērīsī, dērīsum	verspotten	
dēspondēre	dēspondeō, dēspondī, dēspōnsum *(m. Akk.)*	(jmd.) als Braut versprechen, verloben	
dubium		Zweifel	*e. doubt, i. dubbio*
dūdum	*Adv.*	schon lange; vorhin	
(ede)pol		beim Pollux	
edere	edō, ēdī, ēsum	essen	*e. to eat*
egōmet		ich selbst	
ēloquī	ēloquor, ēlocūtus sum	sagen	*eloquent*
era		Herrin	
erus		Herr	
fānum		Heiligtum	
fēstīvus	a, um	lieb, nett	*Festivität*
focus		Herd	*Fokus, fokussieren, e. fire, f. feu, i. fuoco*
fūstis	fūstis *m*	Stock	
(h)em		1 sieh da, ach 2 hm, nun 3 was, wie bitte	
heus		he	
iānua		Tür	*Januar*
īlicō	*Adv.*	sofort	
illinc	*Adv.*	von dort	
ineptus	a, um	albern	
intrō	*Adv.*	hinein	*intro-vertiert*
intrōmittere	intrōmittō, intrōmīsī, intrōmissum	1 hineinlassen 2 hineinschicken	
lacrimāre	lacrimō	weinen	

KOMÖDIE

lavare

quapropter

Manus *lavo.*	Ich wasche mir die Hände.
Nunc *lavabo.*	Nun will ich baden.
Lavatum **eo.**	Ich gehe zum Baden.

quo *pacto*	auf welche Weise
eo *pacto*	auf diese Weise
isto *pacto*	auf diese Weise

in *peccato* **maximo**	in ungeheurer Schuld

Rollen in der Komödie

era	Herrin
erus	Herr
adulescens	junger Mann
anus	alte Frau
fur	Dieb
leno	Kuppler
meretrix	Dirne
nutrix	Amme
scelestus	Bandit
servulus	Sklave
vicinus	Nachbar

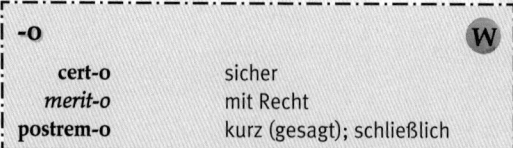

-o

cert-o	sicher
merit-o	mit Recht
postrem-o	kurz (gesagt); schließlich

----	**lavāre**	lavō, lāvī	baden, waschen	*f. laver, i. lavare,* *s. lavar, e. lavatory* *(Toilette)*
....	**lēnō**	lēnōnis *m*	Kuppler	
	lepidus	a, um	lieb, nett, schön	
	līberālis	e	edel; frei	*liberal, e./s. liberal,* *f. libéral, i. liberale*
	lignum		(Brenn-)Holz	*i. legno*
	lūdere	lūdō, lūsī, lūsum	ärgern; spielen	*Prä-ludium*
	magister	magistrī *m*	Lehrer, Vorsteher	*M.A. (magister artium),* *e. master*
....	**meretrīx**	meretrīcis *f*	Dirne	
—·—	**meritō**	*Adv.*	mit Recht	*Meriten, emeritiert*
	mina		Mine *(griech. Münze)*	
	miseria		Elend, Not	*Misere, miserabel,* *e. misery, f. misère,* *i./s. miseria*
	molestus	a, um	beschwerlich, lästig	*i./s. molesto*
	nequīre	nequeō, nequīvī	nicht können	
	nummus		1 Münze 2 *Pl.* Geld	
	nusquam	*Adv.*	nie, nirgends	
....	**nūtrīx**	nūtrīcis *f*	Amme	*Nutriment*
	obsequī	obsequor, obsecūtus sum	gehorchen	
	ōtiōsus	a, um	ruhig	
----	**pactum**		Art, Weise	*Pakt*
----	**peccātum**		Schuld	*i. peccato, s. pecado*
	porrō	*Adv.*	außerdem, nun aber	
	pōtāre	pōtō	trinken	
	psaltria		Zitherspielerin	
	quāpropter		deshalb	

KOMÖDIE

quivis

vicinus

Etiam rogas, *sceleste* **homo?**	Das fragst du noch, du Schurke?
Virgo illinc huc *transfertur.*	Das Mädchen wird von dort nach hier gebracht.
Peccatum in se *transtulit.*	Er nahm die Schuld auf sich.

Ausrufe

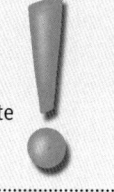

salve	hallo
heus	he
(h)em	sieh da, ach; hm, nun; was, wie bitte
age	also; los
vah	ach

Berufe

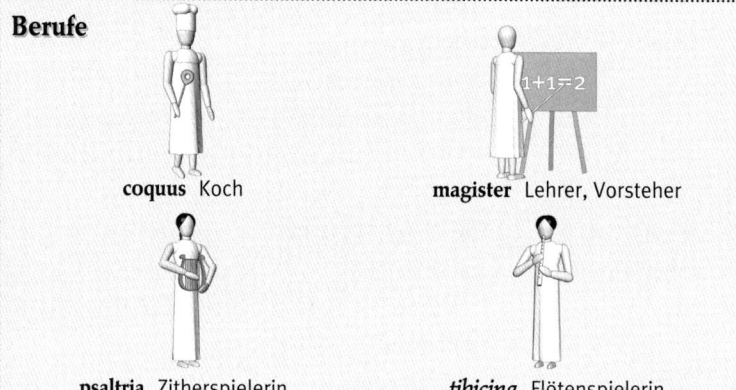

coquus Koch

magister Lehrer, Vorsteher

psaltria Zitherspielerin

tibicina Flötenspielerin

heimlich handeln

abstrudere	verstecken
celare	verbergen
tacere	schweigen, verschweigen
surripere	stehlen

umquam	jemals	V
numquam	niemals	
usquam	irgendwie	
nusquam	nie, nirgends	
quidnam	was denn	
quisnam	wer denn	

quīvīs	quaevīs, quidvīs *subst.*	jeder beliebige	
quīvīs	quaevīs, quodvīs *adj.*	jeder beliebige	
quōmodo		wie	
quot		wie viele	
reprimere	reprimō, repressī, repressum	zurückhalten	*Repression, Repressalien, repressiv*
rogitāre	rogitō	1 (wiederholt) fragen 2 grüßen	
salūtāre	salūtō	grüßen	*salutieren, Salut, f. saluter*
salvē		hallo	*f. salut*
sānus	a, um	gesund; vernünftig	*sanitär, Sanitäter, f. sain, i./s. sano*
sapientia		Weisheit	*f. sagesse, i. sapienza*
scelestus	a, um *Subst.*	1 verbrecherisch 2 Bandit	*f. scélérat*
sēdulus	a, um	eifrig	
servulus		Sklave	
situm esse	in *m. Abl.*	beruhen auf	*Situation, e./f. situation*
surripere	surripiō, surripuī, surreptum	stehlen	
thēsaurus		Schatz	*f. trésor, i. tesoro*
tībīcina		Flötenspielerin	
trānsferre	trānsferō, trānstulī, trānslātum	hinüberbringen	*Transfer, e. to transfer, to translate (übersetzen), f. transférer, i. transferire*
usquam	*Adv.*	irgendwie	
vāh		ach	
verberāre	verberō	schlagen	
vīcīnus		Nachbar	*e. vicinal, f. voisin, i. vicino, s. vecino*

Wichtige Regeln zur Wortbildung

Wenn man einige Regeln, nach denen lateinische Wörter gebildet sind, und die Bedeutung wichtiger Bildungselemente kennt, kann man oft auch nicht gelernte Vokabeln von bekannten herleiten, ihre Wortart bestimmen und die Bedeutung ermitteln.

Zahlreiche lateinische Wörter sind nämlich dadurch gebildet, dass der „Stamm" eines Wortes um eine Lautgruppe erweitert ist: Präfixe sind vorn, Suffixe hinten angefügt.

1. Wichtige Suffixe und ihre Bedeutung:

a) Substantive:

-tas	libertas	Freiheit	
-tudo	magnitudo	Größe	
-ia	superbia	Stolz	*Zustand oder Eigenschaft*
-itia	laetitia	Freude	
-or	timor	Angst	
-io	oratio	Rede	*Handlung oder Ergebnis*
-ium	incendium	Brand, Feuer	
-mentum	monumentum	Denkmal	*Mittel oder Ergebnis*
-tor	imperator	Befehlshaber, Feldherr	*Handelnde Person*

b) Adjektive:

-ius	regius, a, um	königlich	*Herkunft oder Zugehörigkeit*
-icus	Gallicus, a, um	gallisch	
-osus	gloriosus, a, um	ruhmreich	*Fülle*
-alis	mortalis, e	sterblich	
-ilis	utilis, e	nützlich	*Eigenschaft*
-idus	cupidus, a, um	(be)gierig	
-bilis	incredibilis, e	unglaublich	*Möglichkeit*

c) Verben:

-tare/-tari	captare	fangen	*Verstärkung oder Wiederholung*
-itare	agitare	betreiben	
-scere/-sci	irasci	in Zorn geraten	*Beginn*

2. Wichtige Präfixe und ihre Bedeutung:

Als Präfixe treten in allen Wortarten oft Präpositionen auf, die – entsprechend ihrer Bedeutung – die Bedeutung des zusammengesetzten Wortes verändern, z. B. ab-ire weg-gehen.
Bei der Bildung eines zusammengesetzten Wortes können die Präfixe an den Anlaut des Grundwortes angeglichen werden (Assimilation), z. B. ad-ferre → afferre.

a) Präpositionen als Präfixe:

Die folgenden Beispiele zeigen wichtige Bedeutungen solcher Präfixe; die Beispiele der linken Spalte enthalten jeweils die Grundbedeutung:

ab-esse	ab-wesend sein	ab-ire	weg-gehen
ad-ire	heran-gehen	af-ferre	herbei-bringen
con-venire	zusammen-kommen	col-ligere	sammeln
de-scendere	herab-steigen	de-sperare	ver-zweifeln
ex-cedere	hinaus-gehen	e-ripere	ent-reißen
in-ducere	(hin)ein-führen	im-pellere	an-treiben
per-spicere	durch-schauen	per-turbare	in Verwirrung bringen
pro-gredi	vor-rücken	pro-ponere	in Aussicht stellen
sub-icere	unter-werfen	suc-cedere	nachfolgen

Manche Präfixe verstärken nur die Bedeutung des Grundwortes, z. B. con-firmare oder per-movere.

b) Andere Präfixe:

in-	in-certus	ungewiss	*Verneinung oder*
	in-iuria	Unrecht	*Gegenteil*
ne-	ne-scire	nicht wissen	
dis-	dis-cedere	auseinandergehen	*Trennung*
re-	re-petere	zurückverlangen	*Rückbezug,*
	red-ire	zurückkehren	*Rückwendung, Wiederholung*

Selten sind Zusammensetzungen, in denen das Präfix selbst ein Nomen oder Adverb ist, z. B. bene-ficium Wohltat, aedi-ficare bauen, iu-dicare urteilen.

Grundlagen der Wortkunde

Die mit dieser Wortkunde **adeo-PLUS** gebotenen Autorenwortschätze verstehen sich als Ergänzung zu dem Basisvokabular von **adeo-NORM**.

Somit liegen auch der vorliegenden Auswahl die statistischen Untersuchungen zugrunde, die im Rahmen des Projektes „**Bamberger Wortschatz**" stattfanden. Eine eingehende Erläuterung des Projektes „Bamberger Wortschatz" findet sich bei:

> Clement Utz, Mutter Latein und unsere Schüler – Überlegungen zu Umfang und Aufbau des lateinischen Wortschatzes. In: Peter Neukam (Hrsg.), Antike Literatur – Mensch, Sprache, Welt (Dialog. Klassische Sprachen und Literaturen XXXIV). München 2000, S. 146–172.

Im Folgenden werden nur die wesentlichen Daten und Ergebnisse vorgestellt:

Das zugrunde liegende **Lektürecorpus** wurde durch eine genaue Analyse der geltenden Lehrpläne und Richtlinien sowie durch einen Abgleich der wichtigsten Textausgaben ermittelt. Es enthält – mit Ausnahme der christlichen, mittelalterlichen und humanistischen Literatur – die gesamte Palette der in der Bundesrepublik bis einschließlich Jahrgangsstufe 11 gelesenen Texte.

Die folgende Übersicht listet (nach der Häufigkeit ihrer Erwähnung in den Lehrplänen) die Autoren, die Werke und die genauen Stellenangaben der in das Lektürecorpus eingegangenen Texte auf. In Klammern hinter den Autoren steht jeweils die Summe der Wortformen, die sich aus den angeführten Stellen ergibt; daraus lässt sich auch die Gewichtung der einzelnen Autoren untereinander ersehen:

Caesar, Bellum Gallicum (24807)
  I 1–54 / II 15–27 / IV 1–36 / V 6–37 / VI 11–28 / VII 1–4; 12–22; 63–69; 77–78; 83–90

Cicero, Reden (17892)
  – Verres: II 3, 1–11; 207–228 / II 4, 1–18; 51–52; 60–68; 72–83; 105–123; 136–141 / II 5, 158–171
  – Catilina: I ganz / II 1–2; 17–23; 26–27 / III 1–5; 29

Ovid, Metamorphosen (8067)
  1, 1–4 (Proöm); 89–150 (Weltalter); 452–567 (Apoll u. Daphne); 748–2, 328 (Phaeton); 4, 55–166 (Pyramus u. Thisbe); 6, 146–312 (Niobe); 339–381 (Lykische Bauern); 8, 183–235 (Dädalus u. Ikarus); 618–720 (Philemon u. Baucis); 10, 1–77 (Orpheus u. Eurydike); 14, 581–608 (Aeneas); 15, 745–879 (Caesar, Augustus, Epilog); Tristien 4,10

Nepos, Themistokles, Alcibiades, Hannibal (5864)

Plautus, Aulularia (6653)

Terenz, Adelphoi (8290)

Phädrus (3323)

I Prol.; 1–5, 7, 8, 10, 12, 13, 15, 21, 23–26, 31 / II 6–8 / III 1, 6, 7, 12, 14, 16 / IV 3, 4, 9, 10, 23, 25 / V 2, 5, 7 / App. 20

Plinius, Briefe (10682)

I 1, 9, 12, 13, 15, 16, 20 / II 17 / III 1, 5, 16 / IV 13 / V 8, 19 / VI 7, 16, 20 / VII 5, 19, 20 / VIII 16, 19, 22, 24 / IX 6, 7, 23, 36 / X 31, 32, 88, 89, 96, 97

Sallust (11051)

Catilina (ganz) / Jugurtha 41-42

Catull (3952)

1, 2, 3, 5–11, 13, 14, 22, 23, 26, 27, 29–31, 33–36, 38–41, 43–47, 49–55, 57, 58, 70, 72, 73, 75, 76, 79, 82-87, 92, 93, 95, 96, 98, 100–102, 105, 107, 109

Martial (3704)

I prol.; 1, 10, 15, 16, 19, 24, 29, 30, 33, 35, 38, 47, 59, 63, 79, 91, 95, 110, 117 / II 3, 7, 12, 20, 21, 35, 38, 53, 56, 58, 59, 66, 67, 80, 82, 87, 92, 93 / III 8, 9, 11, 38, 43, 51 / IV 8, 21, 24, 36, 41, 44, 56, 85 / V 13, 15, 29, 43, 45, 47, 58, 73, 81, 83 / VI 17, 55, 60, 63, 82 / VII 3, 73, 77, 81 / VIII 12, 13, 16, 20, 23, 27, 29-31, 69, 74, 79 / IX 10, 14, 15, 19, 68, 70, 78, 88, 97 / X 8, 18, 19, 35, 43, 47, 62 / XI 34, 38, 39, 64, 68, 77, 83, 92, 93, 101 / XII 12, 23, 39, 40, 45, 51, 56 / XIII 70, 74, 77, 126 / XIV 186, 190, 195, 208

Curtius (17763)

III 1, 5, 6, 12 / IV 1, 5, 6, 7, 10 / V 5, 7, 12 / VI 3 / VII 2, 5 / VIII 1, 2, 4, 5 / IX 3, 6, 13 / X 5

Gellius (7470)

I 19, 23 / II 7, 12, 29 / III 7, 8 / IV 18 / V 2, 3, 5, 9, 14, 16, 17 / VI 1 / VII 3 / IX 11 / X 12, 28 / XI 6, 9, 14, 18 / XII 7, 12 / XV 22 / XVI 19

Vergil, Aeneis (10964)

I 1–156, 223–304, 494–632 / II 1–267 / IV 1–705 / VI 81–97, 450–476, 679–892

Die Textmengen zu den einzelnen Autoren entsprechen – wie man sieht – in ihrem Umfang den geläufigen Schulausgaben oder gehen sogar darüber hinaus.

Mit 140 482 Wortfomen ist der Gesamtumfang des untersuchten Corpus beträchtlich; er enthält nach Abzug der Belegstellen von Namen immerhin 7 154 Lemmata, d. h. potenzielle Lernwörter.

Wo liegt nun die sinnvolle Grenze für einen Grundwortschatz, ein Basisvokabular, mit dem das Eintreten in den Lektüreunterricht möglich ist? Die communis opinio früherer Untersuchungen, dass mit einer Zahl von ca. 1 000 Vokabeln unabhängig vom Lektürecorpus etwa 80 % der jeweiligen Textmenge abgedeckt sind, ist in ihrer Tendenz zu bestätigen.

Das folgende Diagramm zeigt für den „Bamberger Wortschatz" den Grad der Textabdeckung in Abhängigkeit von der Menge der Lernvokabeln:

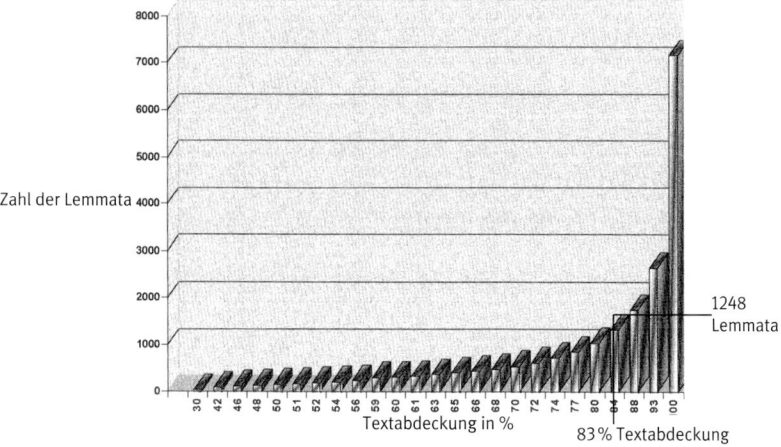

Das entscheidende und überaus erfreuliche Ergebnis ist am rechten Rand des Diagramms abzulesen: **Mit einem Basisvokabular von 1248 Lernwörtern** sind bereits gut 83 % unseres Textcorpus erfassbar.

Für die letzten 17 % Textabdeckung wäre demnach die Kenntnis weiterer knapp 6 000 Wörter erforderlich. Angesichts des relativ seltenen Vorkommens dieser weiteren Vokabeln erscheint ein Überschreiten der Zahl von 1248 Lernwörtern für einen Basiswortschatz nicht ökonomisch.

Die 1248 Wörter des Basisvokabulars sind Grundlage der Standardausgabe **adeo-NORM** und der **adeo-Wörterliste**.

Die beschriebene Festlegung der Wortschatzzahlen auf ein reduziertes Basisvokabular für den Sprachlehrgang ist jedoch nur sinnvoll, wenn auch während des Lektüreunterrichts systematische Wortschatzarbeit betrieben wird. Dabei geht es neben der Sicherung des bereits bekannten Vokabulars vor allem um den gezielten Erwerb autorspezifischer Wörter und Wortverbindungen.

Daher wurde im Rahmen der Untersuchungen zum „Bamberger Wortschatz" auch ermittelt, welche Anzahl von Vokabeln ergänzend erforderlich ist, um eine autorspezifische Textabdeckung von bis zu 90 % zu erreichen. Dabei ergab sich folgendes Ergebnis:

Die **Ergänzungswortschätze** zu den untersuchten **Autoren** enthalten insgesamt **693 verschiedene Lemmata,** von denen immerhin 226 bei nur je einem Autor (dann aber relativ häufig) erscheinen; 467 Lemmata sind bei mehreren Autoren belegt.

Die Vokabeln der Autorenwortschätze finden sich in dieser ergänzenden Wortkunde **adeo-PLUS**. Sämtliche o. g. Autoren wurden einbezogen; wegen der zahlreichen Überschneidungen wurden jedoch die Vokabeln zu Plautus und Terenz unter „Komödie" zusammengefasst.

Auch **adeo-PLUS** ist in seiner doppelseitigen Anlage gezielt auf die **Bedürfnisse heutiger Schülerinnen und Schüler** abgestimmt:

Auf der jeweils rechten Seite finden sich die Vokabeln in einer lernfreundlichen vierspaltigen Anordnung, bei der die grammatischen Eigenschaften (2. Spalte) besonders betont werden. Die 4. Spalte zeigt das vielfältige Fortwirken der lateinischen Vokabeln in Fremdwörtern, Fachausdrücken und in den verschiedenen europäischen Sprachen.

Die linke Seite bietet dazu vielfältige Vernetzungsmöglichkeiten und Lernhilfen, wobei sich die in der einschlägigen Literatur hinlänglich besprochenen Feldtypen berücksichtigt finden: Sachfelder (cf. Sachgruppen, Sachgebiete), Wortfelder, Lexemfelder (cf. Wortfamilien, Wortsippen), Morphemfelder, Kollokationsfelder und syntaktische Felder. Darüber hinaus ermöglicht eine einfache Kennzeichnung auch eine gezielte feldbezogene Wiederholung.

Die linken Seiten enthalten außerdem speziell diejenigen Wörter des Basisvokabulars, die für den jeweiligen Autor besonders wichtig sind; auf diese Weise werden also auch die Wörter des Basisvokabulars aus **adeo-NORM** verlässlich umgewälzt.

Im Vorwort an die Schülerinnen und Schüler werden die doppelseitige Anlage und die Lernhilfen aus dem Blickwinkel der Benutzer erläutert.

Über die Auswahl der Vokabeln hinaus war es ein wesentliches Ziel des Projektes „Bamberger Wortschatz", die für das Lektürecorpus relevanten **deutschen Bedeutungen** zu ermitteln und dabei auch auf den heute üblichen Sprachgebrauch zu achten.

Bei der Ermittlung der Bedeutungsangaben wurde konsequent ein pragmatischer Ansatz verfolgt: Die Schülerinnen und Schüler sollen mit einer begrenzten Zahl ggf. strukturierter Bedeutungen eine möglichst effektive Hilfe für das Übersetzen und Erfassen derjenigen Texte, die ihnen begegnen, erhalten. Nach diesem Leitkriterium erscheint es zweitrangig, ob man von der häufigsten, von der sog. Standardbedeutung oder der 'Grundbedeutung' ausgeht, ob man bei der Grundbedeutung eher an die Wortableitung denkt oder an die 'ursprüngliche Bedeutung'. Es sind, wie sich bei der konkreten Arbeit zeigte, zu häufig Einzelfallentscheidungen nötig und sinnvoll, sodass auf eine allgemeingültige Festlegung bewusst verzichtet wurde.

Id adeo, si placet, considerate! *(Cicero)*